Handbücher zum Betriebssicherheitsmanagement

Führung und Betriebliches Gesundheitsmanagement

Von
Prof. Dr. Dirk Sohn
und
Dr. Michael Au

unter Mitarbeit von
Dr. med. Ulrike Roth,
Dipl.-Soz. Bettina Splittgerber,
Dipl.-Ing. Thorsten Ettelt, M. Sc.,
Prof. Dr. phil. Burkhard Schmidt

ERICH SCHMIDT VERLAG

Bibliografische Information der Deutschen Nationalbibliothek
Die Deutsche Nationalbibliothek verzeichnet diese Publikation
in der Deutschen Nationalbibliografie; detaillierte bibliografische Daten
sind im Internet über http://dnb.d-nb.de abrufbar.

Weitere Informationen zu diesem Titel finden Sie im Internet unter
ESV.info/978 3 503 17039 5

Gedrucktes Werk: ISBN 978 3 503 17039 5
eBook: 978 3 503 17040 1
ISSN 2194-4121

Dieses Papier erfüllt die Frankfurter Forderungen
der Deutschen Nationalbibliothek und der Gesellschaft
für das Buch bezüglich der Alterungsbeständigkeit und
entspricht sowohl den strengen Bestimmungen der US Norm
Ansi/Niso Z 39.48-1992 als auch der ISO-Norm 9706.

Gesetzt aus der Candida

Satz: multitext, Berlin
Druck und Bindung: Hubert & Co. KG, Göttingen

Vorwort

Die heutige Arbeitswelt im Deutschland des 21. Jahrhunderts sieht sich vor Herausforderungen gesellschaftspolitischer, technischer und struktureller Art, die durchaus mit den großen Umbrüchen der industriellen Revolution des 19. Jahrhunderts und dem tiefgreifenden Wandel von der Produktionswirtschaft zur Dienstleistungsgesellschaft im 20. Jahrhundert vergleichbar sind. Die Digitalisierung der gesamten Arbeitswelt, die Vernetzung von Maschinen und Arbeitsmitteln untereinander, die Globalisierung von Handel, Dienstleistung und Produktion, die immer kürzeren Innovationszyklen, die Miniaturisierung immer neuer Technikfelder und eine nahezu inflationäre Informationsflut erfordern von Unternehmen und Beschäftigten ein Maß an Flexibilität und Einsatzbereitschaft, welches noch vor wenigen Jahren in diesem Umfang nicht zu prognostizieren war. Diese Entwicklungen finden zudem vor dem Hintergrund einer sich durch demografische Veränderungen sowie durch eine dynamische Migrationsbewegung grundlegend wandelnden Gesellschaft statt.

Unmittelbar betroffen von diesen Veränderungsprozessen des Wirtschafts- und Arbeitslebens sind die Gesundheit und die Sicherheit der Beschäftigten bei der Arbeit. Bereits jetzt nehmen arbeitsbedingte psychische Belastungen und daraus resultierende Gesundheitsbeeinträchtigungen massiv zu. Doch nur mit gesunden und engagierten Mitarbeitern werden sich die dargestellten Herausforderungen bewältigen lassen. Das Ziel einer gesunden Arbeit in einem gesunden Betrieb ist deshalb aus betriebs- und volkswirtschaftlicher Sicht heute so bedeutsam wie kaum jemals zuvor.

Erfolgreich bewältigen lässt sich diese Herausforderung mit einem an die individuellen Anforderungen des jeweiligen Unternehmens angepassten Betriebssicherheitsmanagement. Hier setzen die „Handbücher zum Betriebssicherheitsmanagement" des Erich Schmidt Verlags an. Die einzelnen Bände dieser Fachbuchreihe bieten den Lesern als abgeschlossene Kompendien eine umfassende Information über die zentralen Anforderungen an einen zukunftsorientierten Arbeitsschutz und einen effektiven betrieblichen Gesundheitsschutz. Im vorliegenden zweiten Band dieser Reihe steht der Zusammenhang von Führung und Gesundheit im Unternehmen in einer sich wandelnden Arbeitswelt im Mittelpunkt. Es werden hierfür die wichtigsten Elemente des betrieblichen Gesundheitsmanagements von den theoretischen Grundlagen bis zur praktischen Umsetzung im Betrieb dargestellt. Dabei wird ins-

besondere die Bedeutung des Führungsverhaltens für einen konse-
quenten Arbeits- und Gesundheitsschutz im Unternehmen intensiv
betrachtet. Durch Darstellung der komplexen innerbetrieblichen Interaktionen der einzelnen Akteure und einer Vertiefung der fachlichen
Zusammenhänge anhand von praxisorientierten Beispielen wird die
Gestaltung eines erfolgreichen betrieblichen Gesundheitsmanagements möglich – als Garant für gesunde Mitarbeiter und ein erfolgreiches Unternehmen.

Prof. Dr.-Ing. Dirk Sohn   Dr. rer. nat. Michael Au
Eschweiler   Bad Nauheim

Inhaltsverzeichnis

1. Arbeits- und Gesundheitsschutz in einer sich wandelnden Arbeitswelt

1.1 Einführung

In der Geschichte der westlichen Industrieländer hat Arbeit immer eine zentrale Rolle gespielt, wobei sich ihre Bedeutung und Funktion seit dem ‚ora et labora' der mittelalterlichen Klosterarbeit mehrfach grundlegend geändert hat. Die Menschen haben sich immer in Bezug auf die jeweilige gesellschaftliche Form der Arbeit definiert, sie konstituiert. Sie schafft gesellschaftliche Normalität, Position und Hierarchien. Die Überzeugung, dass Arbeit nicht krank machen sollte, ist demgegenüber historisch vergleichsweise neu, sie entstand letztlich parallel zur Industrialisierung und diente sowohl der Sicherung der Arbeitskräfte als auch der Herstellung eines gewissen sozialen Friedens, indem Arbeit begrenzt und Lebensqualität verbessert wurde.

Der Prozess der Industrialisierung im 19. Jahrhundert wurde als so rasant und erheblich wahrgenommen, dass er schon früh als ‚industrielle Revolution' bezeichnet wurde und damit bereits begrifflich veranschaulicht, wie strukturverändernd diese Phase erlebt wurde. Auch aktuell finden in der Arbeitswelt tiefgreifende Veränderungsprozesse statt, die sich schematisch anhand der folgenden zentralen Entwicklungslinien skizzieren lassen:

– Es findet ein schneller technologischer Wandel der Produktion statt, der seinen vorläufigen Höhepunkt in einer vernetzten, durch selbstgesteuerte Maschinenkommunikation geprägten Verfahrensstruktur, der sogenannten „Industrie 4.0" zu finden scheint. Parallel dazu, und teilweise damit verbunden, kommen u. a. neue Herstellungsverfahren, neue Stoffe und neue Prozesssteuerungen zum Einsatz.

– Gleichzeitig dauert die Verlagerung von der Produktions- zur Dienstleistungsgesellschaft an, die sich in Deutschland bereits seit einigen Jahrzehnten vollzieht. Dabei entstehen gerade im Dienstleistungsbereich – dem tertiären Sektor – ganz neue Marktsegmente, besonders bei den Kommunikations- und Informationstechnologien und bei der Bereitstellung von Online-Diensten einschließlich des cloud-working, bei dem über das Internet in einer neuen Weise Dienstleistungen erbracht werden, jenseits der existierenden Arbeits- und Vertragsbeziehungen.

– Die innerbetriebliche Organisation sowie die betrieblichen Abläufe wurden mit dem Ziel der Steigerung der Effektivität in der Mehrzahl der Betriebe, Organisationen und Institutionen umgestaltet. Flache Hierarchien, Führung durch Zielvereinbarungen, die Einführung von Gruppenarbeit und eine weitgehende Flexibilisierung der Arbeits- und Tätigkeitsbereiche haben die Rolle des einzelnen Beschäftigten im betrieblichen Gefüge grundlegend geändert. An die Stelle klarer betrieblicher Hierarchien und Weisungsstrukturen ist ein Gefüge getreten, in dem jedem Einzelnen eine Teilverantwortung für den wirtschaftlichen Gesamterfolg übertragen wird. Gleichzeitig verlieren die Betriebe vielfach ihre räumliche, organisatorische und zeitliche Bindungsstruktur für die Beschäftigten.

– Weiterhin wurden auch die zwischenbetrieblichen Beziehungen diversifiziert. Mit dem Ziel der „Konzentration auf das Kerngeschäft" – wie eines der zentralen Schlagworte lautete – wurden zahlreiche Teilbetriebe ausgegliedert (Outsourcing). Daraus resultieren eine geringere Fertigungstiefe der Produktion sowie die Notwendigkeit einer höheren Flexibilität, wenn mehrere Unternehmungen in einem Produktionsprozess direkt oder indirekt kooperieren. Zugleich nimmt aber auch die Anzahl der Schnittstellen zwischen den Arbeitsvorgängen zu, die Produktionsketten werden länger und störanfälliger. Eine Folge dieser Entwicklung ist die steigende Zahl kleiner und kleinster Unternehmen bis hin zu Selbständigen und den sogenannten Solo-Unternehmern, die oftmals im Werksvertragsverhältnis mit Teilleistungen beauftragt werden.

– Im Zusammenhang damit und teilweise als Folge dieser Entwicklungen wurde die Ausrichtung der Arbeitsschutzvorschriften in Deutschland rechtssystematisch verändert. Mit der Verabschiedung des Arbeitsschutzgesetzes 1996 fand eine Abkehr von den zuvor geltenden ‚grenzwertorientierten' Normen statt, die durch eine Orientierung an Schutzzielen abgelöst wurde; die Vorschriften wurden dereguliert, verbunden mit dem Verzicht auf konkrete Regelungsvorgaben und der Verankerung von eher abstrakten Schutzzielen in den jeweiligen Gesetzen und Verordnungen. Damit einher gehen – und das war durchaus die Intention der Gesetzesnovellen – eine höhere Gestaltungsfreiheit bei der Umsetzung der Anforderungen im Arbeits- und Gesundheitsschutz und gleichermaßen eine gestiegene Verantwortlichkeit der Arbeitgeber, die – auf der Basis betrieblicher Gefährdungsbeurteilungen – die materiell-rechtliche Einhaltung der gesetzlichen Schutzziele sicherstellen müssen.

– Ein weiterer Faktor, der gegenwärtig bei der Analyse der Veränderungen in der Arbeitswelt ebenfalls eine gravierende Rolle spielt, ist der sogenannte demografische Wandel – ein Begriff, mit dem derzeit das Altern der deutschen Gesellschaft bezeichnet wird. Wie beispielsweise das Bundesministerium für Bildung und Forschung auf seiner Homepage unterstreicht, wird kaum eine Entwicklung Deutschland in den nächsten Jahren so prägen, wie dieser demografische Wandel mit seinen Veränderungen der Alterungsstruktur in Deutschland, die bedingt durch eine fallende Geburtenrate zu sinkenden Bevölkerungszahlen führt. Da auf der anderen Seite die Lebenserwartung stetig ansteigt, erhöht sich der Anteil älterer Menschen in der Gesellschaft. Auch durch Zuwanderung und Migration, entsprechend aktuellen Prognosen, kann diese Entwicklung allenfalls teilweise aufgefangen werden. Es gibt gegenwärtig noch keine seriösen Abschätzungen, inwieweit die derzeit hohen Zuwanderungszahlen mittelfristig als Fachkräfte für den Arbeitsmarkt zur Verfügung stehen werden. „Der demografische Wandel in Deutschland ist schon in vollem Gange. Seit fast vier Jahrzehnten reicht die Zahl der geborenen Kinder nicht aus, um die Elterngeneration zu ersetzen. Es sterben mehr Menschen, als Kinder geboren werden. Ohne Zuwanderung aus dem Ausland würde Deutschlands Bevölkerung bereits seit langem rapide schrumpfen." (Statistische Ämter, Demografischer Wandel) Die Folge ist, dass die Bevölkerung insgesamt zu altern scheint, wenn die geburtenstarken Jahrgänge der 50er und 60er Jahre in den nächsten Jahren aus dem Erwerbsleben ausscheiden. Anschaulich wird dieser Prozess dadurch, dass noch

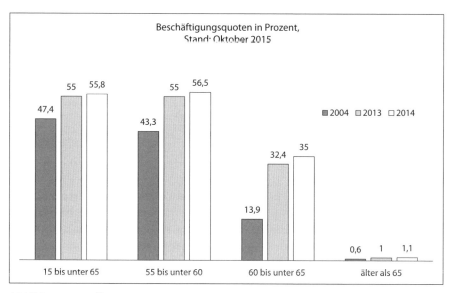

Abbildung 1-1: Ältere am Arbeitsmarkt
(eigene Abbildung, Datenquelle: Statistik der Bundesagentur für Arbeit; Der Arbeitsmarkt in Deutschland …, Stand: Oktober 2015)

vor einigen Jahren die Altersgruppen über 45 gemeint waren, wenn von ‚älteren Beschäftigten' die Rede war; mittlerweile ist mit dem Terminus meist die Alterskohorte angesprochen, die älter als 55 Jahre ist.

Diese gesamtgesellschaftlichen Trends haben unmittelbare Auswirkungen auf die Lebensentwürfe und Berufsbiografien der Menschen: jüngere Generationen müssen sich auf veränderte und längere Arbeitsbiografien einstellen, ältere Menschen werden länger im Arbeitsleben verbleiben.

Kurzfristig werden sich diese Entwicklungen der Alterung und Abnahme der Bevölkerung mit den Mitteln der Politik nur wenig – wenn überhaupt – beeinflussen lassen. Insgesamt hat der demografische Wandel weitreichende Auswirkungen auf das gesamte soziale Gefüge Deutschlands, von den sozialen Sicherungssystemen bis hin Fragen des Wohnens und der Infrastruktur in den Regionen. Dabei sollte aber deutlicher als bisher berücksichtigt werden, dass der demografische Wandel einzelne Bundesländer und Kommunen in sehr unterschiedlicher Weise betrifft: während in einigen ländlichen Regionen bereits jetzt ein erheblicher Bevölkerungsrückgang zu konstatieren ist, bleiben in manchen Städten sowohl die Bevölkerungs- als auch die Geburtenzahlen konstant bzw. steigen sogar.

Auch die Arbeitswelt wird sich unter den Rahmenbedingungen, die durch den demografischen Wandel gesetzt werden, verändern. Die Betriebe müssen sich darauf einstellen, dass in ihren Belegschaften mehr ältere Personen beschäftigt sein werden. Selbst die Zahl der Personen, die auch jenseits der regulären Altersgrenze noch regelmäßig einer Erwerbstätigkeit nachgehen, steigt. Das sind Faktoren, die bei der Personalplanung und -rekrutierung zu berücksichtigen sein werden.

– Eine weitere Folge des demografischen Wandels, aber auch veränderter gesellschaftlicher Werte und Erwartungen liegt darin, dass vermehrt Gruppen für den Arbeitsmarkt interessant werden, die derzeit überwiegend nicht – oder nur teilweise – einer Erwerbstätigkeit nachgehen; konkret bedeutet das, dass mehr Frauen – auch während der Familienphase – arbeiten werden, aber auch Jugendliche bzw. Personen ohne schulische oder berufliche Abschlüsse sowie Personen mit Handicaps. Daneben zeichnet sich deutlich ab, dass zu höheren Anteilen Migrantinnen und Migranten mit sehr unterschiedlichen kulturellen Hintergründen und heterogenen Qualifizierungshintergründen in den Arbeitsmarkt zu integrieren sein werden.

Diese als ‚Diversity' bezeichnete Entwicklung, in der Menschen mit sehr verschiedenen sozialen und kulturellen Hintergründen zusammen arbeiten, stellt die Betriebe vor neue Herausforderungen, insbesondere hinsichtlich der Vereinbarkeit von Beruf und Familie, der beruflichen Weiterqualifizierung und der zielgruppenspezifischen betrieblichen Gesundheitsförderung.

Bereits ein kursorischer Blick auf die aktuelle Diskussion zeigt, dass diese Veränderungsprozesse der Arbeitswelt noch nicht abgeschlossen sind, sondern dass vielmehr davon ausgegangen werden muss, dass sich ihre Geschwindigkeit und die Reichweite zukünftig noch beschleunigen werden.

Diese Entwicklungen werden mit Sicherheit gravierende Einflüsse auf die Arbeitsbedingungen der Beschäftigten in Deutschland erhalten, – auch wenn bezüglich der konkreten Auswirkungen in vielen Bereichen der Arbeitswelt genauere wissenschaftliche Analysen noch ausstehen. Von daher erklärt sich möglicherweise auch die deutlich höhere mediale Aufmerksamkeit, die Fragen des Arbeits- und Gesundheitsschutzes derzeit genießen, nachdem sie in den vergangenen zwanzig Jahren in der öffentlichen Wahrnehmung eine eher untergeordnete Rolle gespielt haben. Thematisiert werden insbesondere psychische Belastungen bei der Arbeit sowie der Anstieg psychischer Erkrankungen, die Vereinbarkeit von Beruf und Familie sowie der demografische Wandel.

Hier werden teilweise sehr grundlegende Aspekte aufgeworfen, die letztlich auf die Frage zulaufen, welche Bedeutung Arbeit – in diesem Falle Erwerbsarbeit – für die Gesellschaft gegenwärtig hat und welche Rollen sie den arbeitenden Menschen bietet bzw. in welcher Funktion sie sie sieht. Konkret stand die wirtschaftliche Entwicklung der letzten Jahre unter dem kaum hinterfragten Paradigma einer kontinuierlichen Ausweitung der betrieblichen Flexibilisierungspotenziale insbesondere hinsichtlich des Personaleinsatzes. Somit sehen sich die Beschäftigten mit stetig steigenden Anforderungen hinsichtlich ihrer zeitlichen und fachlichen Flexibilität konfrontiert – bei gleichzeitigem Anstieg der Arbeitsdichte und der Länge der Lebensarbeitszeit. Auf diese Anforderungen – so zeigen aktuelle Befragungen – reagieren die Menschen mit einer wachsenden Unsicherheit. Beschäftigte und Personen, die in das Erwerbsleben eintreten wollen, sind sich nicht sicher, ob sie dauerhaft unter diesen Arbeitsbedingungen „mithalten" können und wie sie ihre persönlichen und privaten Bedürfnisse mit der Arbeit vereinbaren können. Denn – und dies ist ein Merkmal der veränderten Arbeitswelt – diese Anforderungen an die Flexibilität der Menschen gehen über die tatsächliche Arbeit weit hinaus und erfordern eine weitgehende Abstimmung der Lebensorganisation und der

Biografieplanung auf die Erfordernisse der Arbeit. Damit ist implizit die Frage nach dem sozialen Umgang mit Arbeit aufgeworfen bzw. der Herstellung der gesellschaftlichen Balance zwischen den Bedürfnissen der Menschen und den Anforderungen der Wirtschaft.

Gerade beim Thema der psychischen Belastungen werden diese verschiedenen Facetten sichtbar, die ein steigendes Unbehagen der Beschäftigten und „der Gesellschaft" in und mit der Arbeitswelt erkennen lassen. Es ist zu konstatieren, dass Stress, Burn-out – als Synonym für Ermüdung, arbeitsbedingte Depression etc. – als Themen derzeit eine gesellschaftliche Relevanz haben, die anderen Arbeitsschutzthemen in der öffentlichen Wahrnehmung nicht in diesem Ausmaß beigemessen wird. Offensichtlich treffen an dieser Schnittstelle die betrieblichen Funktionserfordernisse und individuellen Bedürfnisse mit besonderer Dynamik aufeinander, d.h. hier treten Konflikte zutage, die bereits seit einiger Zeit latent waren.

Diese Gegebenheiten müssen auch die inner- und überbetrieblichen Akteure im Arbeits- und Gesundheitsschutz zur Kenntnis nehmen und bei der Entwicklung ihrer Strategien berücksichtigen. Nur dann können ihre Handlungskonzepte zielführend sein und einen wirksamen Schutz auch vor ‚neuen' Belastungsformen bieten. Aber nur solche Konzepte und Präventionsmaßnahmen, die auch die Lebens- und Arbeitswirklichkeit der Menschen berücksichtigen, werden dauerhaft Akzeptanz genießen.

Die beschriebenen Veränderungen der Arbeitswelt sind struktureller Natur, d.h. sie betreffen die gesamte Art, wie Produktion, Distribution und Kommunikation im Wirtschaftsleben organisiert und realisiert werden. Sie umfassen das gesamte wirtschaftliche Gefüge und haben weitreichende Auswirkungen auf die Arbeit, aber auch auf den Alltag aller Menschen in der Gesellschaft. Von daher müssen auch die Akteure im Arbeits- und Gesundheitsschutz einen Blick auf diese veränderten Gegebenheiten werfen und ihre Handlungsperspektive entsprechend erweitern. Eine ausschließliche Fokussierung auf die Arbeitsbedingungen im eigenen Unternehmen wird nicht ausreichen, um gesundheitsförderliche und menschengerechte Arbeitsbedingungen zu schaffen. Vielmehr ist es erforderlich, insbesondere angesichts heterogener Belegschaften, verstärkt auch die sogenannten „soft factors" zu berücksichtigen, also

– die betrieblichen Abläufe gut zu gestalten
– psychische Belastungen einschließlich Arbeitszeit und Arbeitsintensität zu beurteilen und ggf. zu optimieren
– Führungsmethoden fair, transparent und partizipativ zu gestalten

– Personalentwicklung zu betreiben, einschließlich der erforderlichen fachlichen und sozialen Kompetenzen
– betriebliche Gesundheitsförderung systematisch zu verankern.

Es ist die Absicht des vorliegenden Buches hier eine Orientierungshilfe zu geben und die grundlegenden Informationen sowie bewährte Handlungsempfehlungen zusammenzustellen. Von daher sollen zunächst die erwähnten Veränderungsprozesse der Arbeitswelt etwas genauer betrachtet werden, denn sie bilden den Rahmen und schaffen die Voraussetzungen, an denen sich der betriebliche Arbeits- und Gesundheitsschutz orientieren muss, um seine Schutzziele zu erreichen.

1.2 Globale, wirtschaftliche und organisationale Entwicklungslinien

An dieser Stelle sollen einige zentrale Schlagworte der aktuellen arbeits- und industriesoziologischen Diskussion skizziert werden, denn sie beschreibt und analysiert die – teils gravierenden – Auswirkungen, die die globalen und nationalen wirtschaftlichen und technologischen Entwicklungen nicht nur auf die Lebens- sondern auch auf die Arbeitsbedingungen der Menschen in Deutschland haben. Diese Eingrenzung der Perspektive auf Deutschland ist erforderlich, denn bereits ein kursorischer Blick in die benachbarten EU-Länder zeigt, dass die Länder durchaus unterschiedlich auf die globalen Entwicklungen reagiert haben – mit entsprechend divergenten Resultaten.

Im arbeitswissenschaftlichen und industriesoziologischen Diskurs besteht weitgehend Konsens darüber, dass insbesondere den folgenden Aspekten eine Schlüsselstellung für die Entwicklung der Arbeitswelt zukommt, wobei zu berücksichtigen ist, dass Überlagerungen und wechselseitige Beeinflussungen zwischen diesen Aspekten gegeben sind:

– **Globalisierung**, also die Intensivierung grenzüberschreitender wirtschaftlicher Transaktionen, bis hin zu einer umfassenden internationalen Verflechtung wirtschaftlicher Aktivitäten. Diese wirtschaftliche Globalisierung hat soziale und kulturelle Folgen, von der Verlagerung ganzer Branchen in Niedriglohnländer bis hin zur Ausrichtung von Arbeitszeiten an interkontinentalen Erfordernissen. Unter der Dominanz einer Marktorientierung änderten sich die Strategien der Konzerne und Unternehmen hin zu kürzeren Investitionszyklen, der Entstehung internationaler und damit „interkultureller" Konzerne sowie der Orientierung der produzierenden Wirtschaft an Mechanismen der Finanzmärkte bzw. eine zunehmende Verflechtung dieser Sektoren.

– **Flexibilisierung** betrieblicher Organisationsformen, Produktionsabläufe und Entscheidungswege, einhergehend mit schnelleren Innovationszyklen und Arbeitsverdichtung. Damit verbunden ist eine weitgehende Neuaufstellung der Unternehmen hin zu einer Fokussierung auf das jeweilige Kerngeschäft verbunden mit der Auslagerung von Teiltätigkeiten. Ziel ist die **Effizienzsteigerung** und **Qualitätsverbesserung** betrieblichen Handelns, dadurch maximale Optimierung betrieblicher Abläufe, teilweise auch verbunden mit der Verlängerung von Produktions- und Maschinenlaufzeiten. Daraus ergeben sich längere Produktionsketten und mehr Schnittstellen. Die Ausgliederung einzelner (Teil-) Prozesse begünstigt die Entstehung kleinerer und kleinster Unternehmen, die teilweise unter sehr engen ökonomischen Randbedingungen existieren. (siehe auch *Minssen*, S. 49 ff.).

Diese Flexibilisierungen gehen häufig einher mit Restrukturierungen, meist sogenannte Downsizing-Prozessen – Outsourcing, Standortwechsel, Produktionsveränderung –, die vielfach mit Arbeitsplatzverlusten verbunden sind. Für die Beschäftigten sind Umstrukturierungsprozesse jedoch als Zeiten drohenden Arbeitsplatzverlustes bzw. hoher Anforderungen an die individuelle Anpassungsbereitschaft grundsätzlich als gesundheitskritisch einzustufen, insbesondere wenn mehrere Restrukturierungen aufeinander folgen, da dauerhafte Arbeitsplatzunsicherheit mit einem erhöhten Risiko psychischer und psychosomatischer Erkrankungen einhergeht.

Eine weitere Folge dieser Entwicklungen sind in vielen Fällen sehr enge Personalbemessungen, die in der Regel mit Arbeitsverdichtung einhergehen. Von diesen Entwicklungen sind nicht nur Wirtschaftsunternehmen betroffen, auch öffentliche und staatliche Institutionen müssen sich dem Wandel stellen. Besonders pointiert wird diese Diskussion derzeit im Bereich der ambulanten und stationären Gesundheitspflege geführt. Angesichts des demografischen Wandels (s. u.) gewinnt diese Frage zusätzliche Brisanz, da ältere Beschäftigte – bei insgesamt nicht grundsätzlich herabgesetzter Leistungsfähigkeit – offenbar kritischer auf Arbeitsbedingungen mit quantitativer Überforderung und ständigem Zeitdruck reagieren.

– **Tertiarisierung**, also die Entwicklung von einer Industriegesellschaft hin zu einer Dienstleistungsgesellschaft, die sich in Deutschland seit drei Jahrzehnten vollzieht. Damit verlagert sich ein großer Teil der Wirtschaft – und der Arbeitsplätze – aus dem produzierenden Gewerbe und der Industrie in den sogenannten Dienstleistungssektor, der sowohl die direkten Dienstleistungen umfasst als auch weite Bereiche der Logistik sowie Tätigkeiten im Zusammenhang mit der Informations- und Kommunikationstechnologie, der Mediengestaltung und dem Gesundheitswesen.

Auch hier greifen Flexibilisierung und die neuen Steuerungsmechanismen, d.h. auch im Dienstleistungssektor findet eine Internationalisierung statt, eine Orientierung an Kundenbedürfnissen sowie eine deutliche Beschleunigung der Flexibilisierungsprozesse verbunden mit den entsprechenden Anforderungs-, Qualifikations- und Belastungsprofilen.

Bedingt durch die Natur der Dienstleistungsarbeit, die geprägt ist durch die direkte oder indirekte Interaktion zwischen Dienstleister und Kunden – auch Klienten, Patienten, Schüler etc. – geht diese Art der Tätigkeit mit besondere Anforderungen an die Beschäftigten in den verschiedenen Dienstleistungssegmenten einher: Kommunikationsfähigkeit, Kontrolle der eigenen Emotionen, rasche Informationsverarbeitung – dies sind zentrale Belastungsfaktoren bei der Erbringung von Dienstleistungen.

– **Neue Fertigungs- und Steuerungsverfahren.** Bereits seit zwei bis drei Jahrzehnten werden EDV-basierte Verfahren mehr oder weniger flächendeckend eingesetzt, Produktionsabläufe wurden automatisiert, teilweise durch Roboter ausgeführt, Planung und Steuerung erfolgen elektronisch. Diese Entwicklung findet ihren – vorläufigen – Höhepunkt in der Industrie 4.0, in der die Produktion sich gewissermaßen selbst steuert und in der durch Verfahren der Selbstoptimierung und der Selbstkonfiguration die Maschinen und Anlagen miteinander kommunizieren, einschließlich der Fehlererkennung. Möglich wird damit das Auflegen kleiner Produktserien bis hin zu einer individuellen Fertigung, beispielsweise in der Automobilindustrie.

Inwieweit diese weiterentwickelte Form des Computer-integrated Manufacturing (CIM) tatsächlich die dominante Produktionsweise wird, wie der Terminus Industrie 4.0 suggeriert, bleibt abzuwarten.

Parallel dazu sind aber in allen Branchen neue Technologien, neue Fertigungsverfahren und neue Werkstoffe im Einsatz, die mit neuen Risiken einhergehen und die die Betriebe und die dort Beschäftigten vor neue Herausforderungen stellen. Darunter fallen so unterschiedliche Prozesse wie der Einsatz von Nanotechnologie, neue Verfahren in der Medizin, Umgang mit gentechnisch verändertem Material, just-in-time-Logistik oder neue Formen der Energiegewinnung, um nur einige zu nennen.

– **Subjektivierung** und **Individualisierung** einerseits durch Verlagerung traditioneller Arbeitgeberverantwortung auf die Beschäftigten (Zielvereinbarungen, Vertrauensarbeitszeit, neue flexible Arbeitsformen), andererseits durch Auflösung und Verwischung traditioneller Strukturen und Institutionen. Durch neue Managementkonzepte wird den Beschäftigten – in einer Weise wie früher nur Führungskräften – Verantwortung für die Wahrung der Interessen des Unternehmens übertragen. An die Stelle hierarchischer Entscheidungs- und Delegationsstrukturen treten autonome oder teilautonome Arbeitsgruppen oder Individuen, die über das sogenannte ‚Management by Objectives‘ oder im Rahmen von Projektarbeit Verantwortung für die Zielerreichung ihrer Arbeit übernehmen. Damit tragen sie – trotz ihres Beschäftigtenstatus – einen Teil der unternehmerischen Verantwortung. Da die Gruppen innerbetrieblich konkurrieren bzw. Zielvereinbarungen unterworfen sind, optimieren sie ihr eigenes Handeln nach Prinzipien der Marktsteuerung und vernachlässigen häufig unter dem Primat der Zielerreichung ihre eigenen gesundheitlichen und sozialen Bedürfnisse.

Erbracht wird diese Arbeitsleistung vielfach nicht länger an stationären Arbeitsplätzen innerhalb einer Betriebsstätte sondern an mobilen Arbeitsplätzen und in Vertrauensarbeitszeit; dies sind Elemente, die eine zusätzliche Flexibilisierung des Einsatzes von Arbeitskraft ermöglichen.

Die im Zusammenhang damit stehende Subjektivierung zeigt sich u. a. in einem erheblichen Bedeutungsverlust der Gewerkschaften und der Arbeitnehmervertretungen insgesamt, verbunden mit einer Schwächung der gemeinsamen Vertretung von Gruppeninteressen.

Diese (globalen) Veränderungsprozesse dominieren seit etwa zwei Jahrzehnten die wirtschaftliche Entwicklung, aber seit der Wirtschafts- und Finanzkrise von 2008/2009 sind sie deutlicher ins Blickfeld der gesellschaftlichen Diskussion geraten. Der gesellschaftliche Faktor ‚Arbeit‘ unterliegt neuen Rahmenbedingungen, deren Folgen in ihrer Tragweite noch nicht vollständig absehbar sind, es wird aber deutlich, dass diese Entwicklungen gravierende und weitreichende Auswirkungen auf die Arbeits- und Lebensbedingungen der Beschäftigten haben.

Gemeinsamer Nenner aus der Perspektive der Beschäftigten ist jedoch offenbar die weitreichende Verlagerung von arbeitsweltlichen Entwicklungen auf das Individuum, das weniger Einflussmöglichkeiten auf die Gestaltung der Rahmenbedingungen seiner Arbeit hat denn je, sich aber mit der Verantwortung für die Folgen konfrontiert sieht: verantwortlich für den Erhalt seiner Arbeitsfähigkeit, verantwortlich für die Balance seiner Lebensbereiche und zunehmend häufig auch verantwortlich für seine Arbeit durch neue Formen der Selbständigkeit.

Die Entwicklungen der globalen Arbeitswelt sind mit Chancen und Risiken verbunden, sowohl für die Märkte als auch für die Menschen, die sie mit ihrer Arbeitskraft aufrechterhalten. Aus deren Perspektive bestehen die Chancen darin, dass Arbeit flexibler wird und hohe Potenziale für ein selbstbestimmtes Leben enthalten kann, unter der Voraussetzung, dass die konkrete Ausgestaltung der Arbeitserbringung partizipativ geschieht, also auch die Bedürfnisse der Beschäftigten berücksichtigt. Die Risiken für die Individuen liegen darin, dass eine sehr weitreichende Flexibilität mit einem Verlust an Orientierung und Planungssicherheit verbunden ist, der eine selbstbestimmte Lebensgestaltung erschwert.

Die arbeitsweltlichen Entwicklungen finden ihren Niederschlag in Veränderungen der Arbeitsbedingungen, die gekennzeichnet sind durch:

- **Veränderungen des Belastungsspektrums,** unter anderem durch steigende Anteile von Informations- und Kommunikationsarbeit, emotionale Belastungen, aber ein nach wie vor gleichbleibendes Niveau an schwerer körperlicher Arbeit, belastenden Arbeitsumgebungsfaktoren und kleintaktiger, monotoner Arbeit

- die **Beschleunigung und Verdichtung** von Arbeitsprozessen in allen Branchen

- die steigenden Anforderungen an **Mobilität und Flexibilität** der Beschäftigten

- die **räumliche „Entgrenzung" der Arbeit**, d.h. die Auflösung der räumlichen Bestimmtheit des Arbeitsplatzes durch Telearbeit, Jobsharing, nicht-territoriale Arbeitsplatzkonzepte, Automatisierung und Montage/Wartungsarbeiten, Leiharbeit

- Aufhebung der zeitlichen Bestimmtheit von Arbeitszeit durch **Entkopplung von Betriebs- und Arbeitszeit**, flexible Arbeitszeitmodelle, Vertrauensarbeitszeit; Ausrichtung von Arbeitszeiten an interkontinentalen Erfordernissen

- die Zunahme **atypischer und diskontinuierlicher Beschäftigungsformen**, wie Leiharbeit, Werk- und Dienstverträge, Teilzeit- und Mini-Jobs, Saisonarbeit sowie neue Formen der Solo-Selbständigkeit, oft bei nicht-existenzsichernden Einkommen. Diese – teilweise prekären und armutsbedrohten – Beschäftigungsformen machen derzeit bereits etwa 40 % aller Beschäftigungsverhältnisse aus. Damit löst sich auch die organisatorische Bestimmtheit der Arbeitsbeziehungen, also das Verhältnis zwischen Arbeitgeber und Beschäftigen – welches durch eine gewissen Stabilität und Kontinuität der Vertragsbeziehungen gekennzeichnet war, zunehmend auf (siehe Abbildung 1-2)

– **Polarisierung von Qualifikationsanforderungen**, insbesondere im Dienstleistungssektor mit zahlreichen geringqualifizierten Arbeitsplätze, während in der Produktion und im Bereich der Kommunikation zunehmend hohe Qualifikationsanforderungen bestehen

– **Verlängerung der Lebensarbeitszeit**, verspäteter Renteneintritt, Verkürzung der Ausbildungszeiten

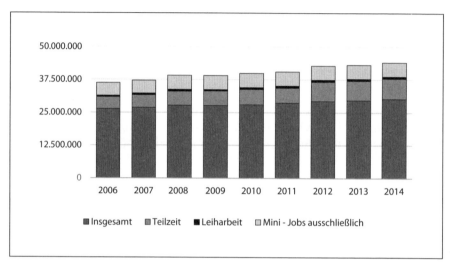

Abbildung 1-2: Anzahl Beschäftigter in atypischen Beschäftigungsverhältnissen (eigene Abbildung, Datenquelle: Regionale Datenbank „Atypische Beschäftigung" des Wirtschafts- und Sozialwissenschaftlichen Instituts (WSI) in der Hans-Böckler-Stiftung; Stand März 2015)

Diese Auflistung der Randbedingungen, unter denen gegenwärtig gearbeitet wird, unterstreicht, dass die ehemals deutliche Trennung zwischen Arbeit und Privatleben sich zusehends verwischt, Lebenswelt und Arbeitswelt gehen ineinander über. Besonders greifbar ist diese Entwicklung bei mobilen und Telearbeitsplätzen und Vertrauensarbeitszeit, bei denen die Arbeit quasi an jedem Ort und zu jeder Zeit erledigt werden kann und ein Wechsel zwischen privaten Erledigungen und Leistungserbringung ständig möglich ist. Aber auch die längerfristige Lebensplanung und der Verlauf der Berufsbiografien auch im nicht-prekären Bereich verändern sich.

Es würde allerdings zu kurz greifen, nur die Veränderungen der Arbeitswelt bzw. die daraus resultierenden Herausforderungen der arbeitenden Menschen zu betrachten, ohne deren Wechselwirkungen mit gesellschaftlichen Werten und sozialen Normvorstellungen zu reflektieren. Die Erwartungshaltungen und Leistungsvorstellungen, die

die Menschen ihrer Arbeit entgegenbringen, unterliegen ebenfalls ständigen Wandlungsprozessen. So ist davon auszugehen, dass die technologieaffineren jüngeren Generationen, die bereits versiert im Umgang mit DV und mobiler Kommunikation aufgewachsen sind der Bewältigung zumindest einiger der neuen Belastungsformen leichter gewachsen sind, als die „Baby-Boomer"-Generation.

Diese veränderten Rahmenbedingungen, unter denen heute Arbeitsleistungen erbracht werden, führen auch zu neuen Einflüssen – positiven wie negativen – auf die Gesundheit der Beschäftigten. Im Zentrum der Aufmerksamkeit stehen derzeit bei gesellschaftlichen und medialen Diskussionen psychische Belastungen und Beanspruchungen, die als Folgen und Begleiterscheinungen der neuer Arbeitsformen, gestiegener Anforderung und hoher Arbeitsdichte gesehen werden.

Besondere Aufmerksamkeit seitens der Politik wird außerdem der alternden Gesellschaft beigemessen, die nahezu alle Lebensbereiche tangiert und letztlich einen gravierenden volkswirtschaftlichen Faktor darstellt (s. oben). Mit dem Anstieg des Durchschnittsalters der Bevölkerung steigt auch das Alter der meisten Belegschaften. Pointiert wird dies durch die Heraufsetzung des Renteneintrittsalters, das dazu führt, dass Menschen bis 67 – und zunehmend selbst darüber hinaus – im Arbeitsleben verbleiben. Diese Beschäftigtengruppen haben andere Fähigkeiten und Bedürfnisse als die Jüngeren. Im Hinblick auf eine gesundheitsförderliche Gestaltung von Arbeit ergeben sich hier zahlreiche Ansatzpunkte und Herausforderungen.

Es gibt mittlerweile vielfältige, praktisch erprobte betriebliche Ansätze, um ältere Beschäftigte im Arbeitsleben zu halten, die überwiegend auf Initiativen einzelner Unternehmen zurückgehen. Systematische politische Konzepte zu Boni, Qualifizierungsstrategien und gezielter Gesundheitsförderung existieren allerdings in Deutschland – über die Steuerung durch finanzielle Anreize und Abschläge hinaus – bislang nicht.

In der Folge des demografischen Wandels ist absehbar, dass die Belegschaften ‚pluraler' werden, durch eine stärkere Integration von Frauen – auch während der Familienphase – in das Erwerbsleben, durch Interkulturalität, durch die Einbeziehung von Menschen mit Handicaps und auch von Jugendlichen ohne schulische Abschlüsse. Es zeichnet sich somit ab, und dies ist ein Hinweis auf anstehende Veränderungen der Arbeits- und Leistungskultur, dass zukünftig nicht nur die „High-Potenzials" gefördert werden müssen, sondern dass mehr Aktivitäten ergriffen werden, um möglichst alle Beschäftigtengruppen in den Arbeitsmarkt zu integrieren.

Von daher muss es ein gesellschaftspolitisches Ziel sein, die Beschäftigungsfähigkeit all jener zu stabilisieren bzw. verbessern, deren Verbleib im Erwerbsleben gefährdet erscheint. Gründe hierfür können qualifikatorischer, motivationaler oder gesundheitlicher Art sein. Es wird darauf ankommen umfassende Präventionskonzepte und spezifische Maßnahmen zu entwickeln, um diese Gruppen mit dem Ziel der Integration in die Arbeitsmärkte zu erreichen. Denn: „Beschäftigungsfähigkeit beschreibt die Fähigkeit einer Person auf der Grundlage ihrer fachlichen und Handlungskompetenzen, Wertschöpfungs- und Leistungsfähigkeit ihre Arbeitskraft anbieten zu können und damit in das Erwerbsleben einzutreten, ihre Arbeitsstelle zu halten oder, wenn nötig, sich eine neue Erwerbsbeschäftigung zu suchen". (*Blancke* et al, nach Richenhagen, G.: Leistungsfähigkeit, Arbeitsfähigkeit, Beschäftigungsfähigkeit und ihre Bedeutung für das Age Management, in Tagungsband zum Pfiff-Projekt, INQA[1])

Diese arbeitsweltlichen und gesamtgesellschaftlichen Rahmenbedingungen erfordern eine neue Positionsbestimmung des Arbeitsschutzes in Deutschland. Ein wirksamer Arbeits- und Gesundheitsschutz muss auf die Veränderungen in der Arbeitswelt reagieren können und in der Lage sein, für diese vielschichtigen Probleme abgestimmte Methoden und Konzepte anbieten zu können. Dabei wird es darauf ankommen – ohne Einbuße bisher erreichter Standards im Bereich des technischen Arbeitsschutzes, der Arbeitssicherheit und des sozialen Arbeitsschutzes – Schutzkonzepte zu entwickeln, die den veränderten Bedingungen an den Arbeitsplätzen und in der Arbeitswelt gerecht werden.

Für die beiden Überwachungsinstitutionen im Arbeitsschutz – also die Aufsichtsbehörden der Länder und die Unfallversicherungsträger – ergeben sich aus den dargestellten Veränderungen der Arbeitswelt besondere Herausforderungen, konkret aus folgenden Konstellationen:

■ Unternehmen verändern ihre Struktur, stellen sich wirtschaftlich neu auf, gliedern Bereiche aus, gründen Tochtergesellschaften etc. Die daraus resultierenden teilweise sehr komplexen Arbeitgeberstrukturen sind für die tradierten Elemente der Arbeitsschutzorganisation – wie sie im Arbetissicherheitsgesetz (ASiG) von 1974 gefordert und geregelt werden – kaum noch zugänglich.

---

1 Die Initiative Neue Qualität der Arbeit – INQA – wurde vom Bundesministerium für Arbeit und Soziales initiiert. Hier kooperieren Bund, Länder, Arbeitgeberverbände und Kammern, Gewerkschaften, die Bundesagentur für Arbeit, Unternehmen, Sozialversicherungsträger und Stiftungen gemeinsam für eine moderne Arbeitskultur und Personalpolitik.

- Formen atypischer Beschäftigung, wie Leiharbeit und Werkverträge, sind für den Arbeitsschutz komplex zu erreichen, da hier sowohl der Einsatzbetrieb als auch der eigentliche Arbeitgeberbetrieb und selbstverständlich der oder die Beschäftigte selbst einbezogen werden müssen. Das bedeutet, dass Gefährdungsbeurteilungen die Bedingungen beider Betriebe reflektieren müssen, Unterweisungen und Schutzausrüstungen müssen entsprechend angepasst sein. Hinzu kommt, dass die Arbeitsschutzakteure über ihre auch rechtliche Verantwortung für diese Beschäftigtengruppen oftmals nicht hinreichend informiert sind.

- Arbeitsleistung wird zunehmend weniger an stationären, betrieblichen Arbeitsplätzen erbracht, wie sie im Fokus des klassischen Aufsichtshandelns standen. Für Arbeiten, die an mobilen, wechselnden und quasi virtuellen Arbeitsplätzen im Falle des Cloud-Working erbracht werden, müssen effektive Schutz- und Überwachungskonzepte erst noch entwickelt und vermittelt werden; denn die Schutzziele sowohl des Arbeitsschutzgesetzes als auch des Arbeitszeitgesetzes gelten in gleicher Weise auch für die Beschäftigten an diesen Arbeitsplätzen; oftmals fehlen aber sowohl den Arbeitgebern wie den Beschäftigten die entsprechenden Informationen.

- Die Deregulierung der Arbeitsschutzgesetze stellt höhere Anforderungen an die fachliche Kompetenz der betrieblichen und überbetrieblichen Arbeitsschutzakteure und der Aufsichtspersonen, da eine Vielfalt technischer, chemischer, biologischer und psychosozialer Gefährdungsfaktoren berücksichtigt und ganz unterschiedliche betriebliche Gestaltungslösungen im Hinblick darauf bewertet werden müssen, ob sie für die Erreichung der Schutzziele angemessen sind.

Um zukunftsfähig zu sein und Lösungen für die neuen Arbeitswelten aufzuzeigen, muss der innerbetriebliche und überbetriebliche Arbeitsschutz in Deutschland sein Handlungsspektrum erweitern.

1.3 Aktuelle Entwicklungen des Arbeitsschutzes in Deutschland
RECHTSRAHMEN

1996 trat das Arbeitsschutzgesetz, als Umsetzung der Richtlinie 89/391/EWG des Europäischen Rates vom 12. Juni 1989 über die „Durchführung von Maßnahmen zur Verbesserung der Sicherheit und des Gesundheitsschutzes der Arbeitnehmer bei der Arbeit", allgemein als Arbeitsschutzrahmenrichtlinie bekannt, in Kraft.

In Deutschland ergab sich mit dem Arbeitsschutzgesetz eine grundlegende Neuausrichtung des betrieblichen Arbeits- und Gesundheitsschutzes. Zentrales Ziel des Arbeitsschutzgesetzes ist die Sicherung und die Verbesserung der Sicherheit und der Gesundheit der Beschäftigten. Damit wird ein Ansatz eingeführt, der die Aspekte des physischen, psychischen und sozialen Wohlbefindens mit einbezieht. Neben dieser inhaltlichen Erweiterung fordert das Gesetz aber auch eine grundlegende Änderung der innerbetrieblichen Arbeitsschutzkonzepte: von der Festschreibung technischer Standards oder Grenzwerten wird abgesehen, das Gesetz lässt vielmehr Spielräume für betriebliche Gestaltungslösungen – solange den Schutzzielen entsprochen wird. Diese im deutschen Recht neue Rechtsphilosophie fordert und ermöglicht ein Umdenken der Betriebe: Eigeninitiative und Gestaltungsspielräume für Sicherheit und Gesundheit bei der Arbeit stehen nunmehr im Mittelpunkt des deutschen Arbeitsschutzrechts, Einzelvorschriften wurden in erheblichem Maße reduziert bzw. dereguliert. Das setzt allerdings hohe Standards für Verantwortungsbewusstsein, Zielorientierung und Kompetenz bei der Bearbeitung dieser Themen voraus und kann dauerhaft nur gelingen, wenn alle betrieblichen Akteure – Management, Fachkräfte, Personalvertretungen und Beschäftigte – in angemessener Weise zusammenarbeiten. Mit den Anforderungen, die das neue Arbeitsschutzrecht an Unternehmen, Beschäftigte sowie die Aufsichtsdienste stellt, wird die Bedeutung der Prävention gestärkt, Arbeit soll gesundheitsgerecht geplant und gestaltet und auch kontinuierlich verbessert werden.

Grundlage dabei ist die Gefährdungsbeurteilung, die dazu dient, die konkrete Belastungs- bzw. Gefährdungssituation im Betrieb zu ermitteln, zu beurteilen, Maßnahmen zu planen und durchzuführen sowie diese auf ihre Wirksamkeit hin zu überprüfen. Damit ist die Gefährdungsbeurteilung die Basis einer jeden zielgerichteten betrieblichen Arbeits- und Gesundheitsschutzstrategie, an der – aus unterschiedlichen Gründen – auch alle betrieblichen Akteure mitwirken sollten.

In der Gefährdungsbeurteilung soll der Betrieb seine unternehmerischen Arbeitsschutzziele festlegen, einen Ist-Soll-Abgleich anhand seiner betrieblichen Gegebenheiten vornehmen und angepasste Lösungen für die Vermeidung und Verminderung der Gefährdungen und der Verbesserung der Arbeitsbedingungen erarbeiten.

Auf der Basis des Arbeitsschutzgesetzes ist der Arbeitgeber verpflichtet, eine Beurteilung der Arbeitsbedingungen in seinem Betrieb durchzuführen und dabei auch psychische Belastungen der Arbeit zu berücksichtigen (§§ 5, 6 ArbSchG, siehe auch die folgenden Hinweise zur Novellierung des Arbeitsschutzgesetzes).

Mit dem Begriff der ‚Psychischen Belastung bei der Arbeit' werden verschiedene psychisch wirksame Einflüsse auf die Beschäftigten bezeichnet, die sich ergeben aus:

– dem Arbeitsinhalt bzw. der Arbeitsaufgabe
– der Arbeitsorganisation und der Arbeitszeit
– sozialen Beziehungen zu Kollegen und Führungskräften
– der Arbeitsumgebung
– neue Arbeitsformen

Dabei ist der Terminus ‚Psychische Belastung' neutral zu verstehen. Allerdings können bestimmte Intensitäten, Ausprägungen oder Kombinationen psychischer Belastung mit Gesundheitsrisiken verbunden sein.

„Die Gefährdungsbeurteilung psychischer Belastung ist ein komplexes, vielschichtiges und vergleichsweise junges Handlungsfeld, das aktuell sowohl in der betrieblichen Arbeitsschutzpraxis als auch in der Politik, zum Beispiel in der GDA, in starker Bewegung ist." (*Morschhäuser*, 2014, S. 17) Bei der Gefährdungsbeurteilung steht die Beurteilung und Gestaltung der Arbeit – mit dem Ziel der Verhütung von Unfällen und dem Schutz der Gesundheit – im Fokus. Das gilt auch für die Gefährdungsbeurteilung psychischer Belastung: sie ist ebenfalls auf die Beurteilung und Gestaltung der Arbeit gerichtet, die psychische Verfassung der Beschäftigten wird dabei nicht erfasst. Es empfiehlt sich, die Gefährdungsbeurteilung psychischer Belastung nicht separat zu konzeptionieren, sondern sie in die bereits in bestehenden betriebliche Verfahren der Gefährdungsbeurteilung und Maßnahmenableitung zu integrieren.

Dabei ist essenziell, dass die Gefährdungsbeurteilung als Prozess angelegt wird, der auf eine schrittweise Verbesserung ausgerichtet ist: basierend auf einer Gliederung des Betriebs in Bereiche mit ähnlichen Belastungen, findet die Ermittlung und Beurteilung der psychischen Belastungsfaktoren in diesen Arbeitsbereichen statt; hieraus werden, falls erforderlich, Maßnahmen zur Belastungsoptimierung abgeleitet und umgesetzt. Eine Wirksamkeitskontrolle und Dokumentation vervollständigen den Zyklus. Um auch sich ändernden betrieblichen Gegebenheiten Rechnung zu tragen, sollte die Gefährdungsbeurteilung regelmäßig aktualisiert werden.

Ein weiterer neuer Aspekt, der mit dem Arbeitsschutzgesetz für die Betriebe verbindlich geregelt wurde, ist die Verpflichtung zur Implementierung einer betrieblichen Arbeitsschutzorganisation. Das bedeutet nicht nur, dass die formal-organisatorischen Voraussetzungen nach dem Arbeitssicherheitsgesetz erfüllt sein müssen – dass also eine Fachkraft für Arbeitssicherheit sowie ein Betriebsarzt zu bestellen sind und dass ein Arbeitsschutzausschuss einzurichten ist. Diese Anforderungen bestehen seit 1974 und stellen sicher, dass Expertenkompetenz für die Fragen des Arbeits- und Gesundheitsschutzes zur Verfügung steht und eine mindestens minimale innerbetriebliche Kommunikation und Partizipation zu diesen Themen stattfindet. Darüber hinaus – und dieser Ansatz wurde als gesetzliche Verpflichtung mit dem Arbeitsschutzgesetz neu festgelegt – muss sichergestellt sein, dass die betriebliche Aufbau- und Ablauforganisation Aspekte des Arbeits- und Gesundheitsschutzes „angemessen integriert". Insbesondere gilt das für

- die Verantwortung der Führungskräfte für Sicherheit und Gesundheit in ihrem Zuständigkeitsbereich; dazu muss ihnen die entsprechende Aufgabe übertragen worden sein, sie müssen in angemessener Weise informiert bzw. qualifiziert sein und sie müssen über die erforderlichen Entscheidungsbefugnisse verfügen, um dieser Verantwortung gerecht zu werden;

- den Beschäftigten wird erstmals entsprechend ihrem Handlungsspielraum ebenfalls eine Verantwortung für Sicherheit und Gesundheitsschutz zugewiesen (§ 15 ff. ArbSchG);

- die Kommunikation und die Arbeitsabläufe müssen so gestaltet sein, dass sie den Schutzzielen des Arbeitsschutzgesetzes entsprechen.

Im Oktober 2013 wurde das Arbeitsschutzgesetz novelliert. Mit dieser Novelle wurde explizit klargestellt, dass auch psychische Belastungen unter den Schutzrahmen des Gesetzes fallen, und dass sie folglich in der Gefährdungsbeurteilung sowie in der Dokumentation (§ 5, 6 ArbSchG) zu berücksichtigen sind. Damit hat der Gesetzgeber Klarheit zu einer kontrovers diskutierten Frage hergestellt: Obwohl sowohl zwischen den Rechtskommentaren sowie den Arbeitsschutzakteuren bereits zuvor Einigkeit dahingehend bestand, dass in der ursprünglichen Fassung des Gesetzes „Gesundheit" als Zielgröße physische und psychische Dimensionen umfasste, gab es lebhafte Auseinandersetzungen im Arbeitsschutz um die Frage der Notwendigkeit der Berücksichtigung arbeitsbedingter psychischer Belastungen.

Das Arbeitsschutzgesetz bildet die Grundlage für einige Rechtsverordnungen, die unter dem veränderten rechtlichen Rahmen novelliert wurden. 2014 wurde die Biostoffverordnung neu gefasst, Anfang 2015 auch die Betriebssicherheitsverordnung, die Arbeitsstättenverordnung (2016); die Gefahrstoffverordnung befindet sich derzeit im Prozess der Novellierung.

Ein gemeinsamer Punkt dieser Novellierungen liegt darin, dass auf die psychischen Belastungen als zu berücksichtigende Faktoren im jeweiligen Kontext Bezug genommen wird. Damit wird seitens des Gesetzgebers deutlich unterstrichen, dass von einer Integration psychischer Aspekte in allen Bereichen des Arbeitsschutzes auszugehen ist. Im Zusammenhang mit der Betriebssicherheitsverordnung (um ein

Beispiel herauszugreifen) wird aber deutlich, dass die – nun notwendige – Einbeziehung psychischer Belastungen in das betriebliche Arbeitsschutzhandeln noch zahlreiche inhaltliche und methodische Fragen aufwirft. So wird hier die Frage nach der Belastungsbewertung maschinengetakteter Arbeit virulent, die im aktuellen Diskurs um die psychischen Belastungen bislang noch nicht an prominenter Stelle aufgegriffen wurde, sicherlich aber im Zuge der weiteren Entwicklung der ‚Industrie 4.0' als Thema der Gestaltung der Schnittstelle Mensch-Maschine an Relevanz gewinnen dürfte.

Seit 2013 wird – nicht zuletzt im Kontext Novellierung dieser Verordnungen – außerdem lebhaft darüber diskutiert, ob es erforderlich ist, das vergleichsweise neue Feld der psychischen Belastungen durch eine eigene Verordnung zu regeln, um es für die Unternehmen und die Aufsichtsdienste besser handhabbar zu machen. Es existieren Vorschläge der Gewerkschaften sowie der Bundesländer zur Erarbeitung einer eigenständigen Verordnung zu arbeitsbedingten psychischen Belastungen, die nicht nur die spezifischen Schutzziele klarstellen, sondern auch Belastungsdimensionen, Instrumente und Detaillierungsgrad der Thematik im betrieblichen Umfeld konkretisieren würden. Letztlich wäre dies ein Beitrag zur Rechtssicherheit und Transparenz des betrieblichen Arbeitsschutzes.

Im Zuge dieser Diskussion wurden seitens aller gesellschaftlichen Akteure in den letzten beiden Jahren umfangreiche Aktivitäten ergriffen, um die Betriebe zu informieren und zu sensibilisieren, sich dem Thema zuzuwenden. Dennoch existieren nach wie vor durchaus unterschiedliche fachpolitische Positionen, was das Spektrum der arbeitsbedingten psychischen Belastungsfaktoren, ihre Kausalitäten und Folgen sowie die Verantwortung der Betriebe im Umgang damit betrifft.

Einige dieser Aktivitäten im Themenfeld der psychischen Belastungen und Beanspruchungen bei der Arbeit sind:

– Der Deutsche Gewerkschaftsbund (DGB), die Arbeitgeberverbände (BDA) und das Bundesministerium für Arbeit und Soziales (BMAS) haben 2013 eine gemeinsame Erklärung „Psychische Gesundheit in der Arbeitswelt" unterzeichnet. Dort heißt es: „Der Schutz vor gesundheitlichen Risiken ist eine ethische Frage – aber nicht nur: Auch aus ökonomischen Gründen ist es notwendig, mögliche Beeinträchtigungen durch arbeitsbedingte psychische Belastung frühzeitig zu erkennen und zu minimieren, um spätere lange Fehlzeiten zu vermeiden (BMAS, Bonn, Sept. 2013)."

In dieser gemeinsamen Erklärung wird die grundsätzliche Absicht ausgesprochen, – unabhängig von unterschiedlichen Positionen der Akteure in Einzelfragen – gemeinsam dazu beizutragen, psychischen Erkrankungen vorzubeugen und die Wiedereingliederung von psychisch erkrankten Beschäftigten zu verbessern. (siehe S. 5 der Erklärung).

– Die Gewerkschaften haben vielfältige Initiativen ergriffen, um den Schutz vor psychischen Belastungen in den Betrieben zu verbessern, beispielsweise durch Schulungen von Betriebsräten, Publikationen der Ergebnisse der Befragungen aus der Initiative „Gute Arbeit" sowie wie die Anti-Stress Kampagne der IG-Metall. Ziel dieser Aktivitäten ist, neben der Verbesserung der betrieblichen Arbeitsbedingungen insbesondere auch eine entsprechende rechtliche Regelung des Themenfelds, d.h. die Verabschiedung einer Anti-Stress-Verordnung.

– Auch seitens der Arbeitgeber wurde das Thema der psychischen Belastung in der Arbeitswelt in unterschiedlichen Kontexten aufgegriffen, etwa in einem Praxisleitfaden für Arbeitgeber zur Gefährdungsbeurteilung. (BDA, 2013)

– Fast alle Bundesländer haben bereits vor einigen Jahren mit der Qualifizierung ihres Aufsichtspersonals begonnen, etwa mit den Veröffentlichungen des Länderausschusses für Arbeitsschutz und Sicherheittechnik (LASI), in denen Hinweise und Orientierungshilfen zur Integration des Themas der Psychischen Belastung in das Aufsichtshandeln gegeben werden.[2] Weiterhin haben die Arbeitsschutzbehörden der Länder Aufsichtsaktionen und Beratungsprogramme in verschiedenen Branchen durchgeführt, die allerdings zunächst auf einen eher kleineren Rahmen beschränkt blieben.

– Gleichzeitig fanden und finden in und mit den europäischen Nachbarländern entsprechende Aktivitäten statt. Hingewiesen sei nur auf die Kampagne des Senior Labour Inspectors Committee (SLIC), des Ausschusses der höheren Arbeitsaufsichtsbeamten der EU 2012/13 bei der zahlreiche europäische Länder gemeinsam eine Kampagne zum Thema „psychosocial stress" durchgeführt haben, in deren Ver-

---

2 Siehe LASI-Veröffentlichung (LV) LV 28: Konzept zur Ermittlung psychischer Fehlbelastungen am Arbeitsplatz und zu Möglichkeiten der Prävention, 2002, LV 31: Handlungsanleitung für die Arbeitsschutzverwaltungen der Länder zur Ermittlung psychischer Fehlbelastungen am Arbeitsplatz und zu Möglichkeiten der Prävention, 2003, LV 52 Integration psychischer Belastungen in die Beratungs- und Überwachungspraxis der Arbeitsschutzbehörden der Länder (Oktober 2009).

lauf insbesondere in den Branchen Hotellerie und Gastgewerbe, Gütertransport im Fernverkehr und in der stationären und ambulanten Pflege europaweit in mehr als 13.000 Betrieben Inspektionen durchgeführt wurden. (siehe: Annual Report 2013, Committee of Senior Labour Inspectors)

– Die Unfallversicherungsträger haben ebenfalls in den letzten Jahren breit gefächerte Initiativen ergriffen, um branchenspezifische und praxisorientierte Informationen und Handlungshilfen bereit zu stellen. Außerdem wurden und werden Qualifizierungsmaßnahmen für Unternehmer und Fachkräfte angeboten. Mit zahlreichen Verfahren und Instrumenten zur Durchführung der Gefährdungsbeurteilung, etwa dem „Ideen-Treff", der explizit auf die Situation in Kleinbetrieben ausgerichtet ist, wird eine Grundlage geschaffen, auf der die Betriebe Handlungssicherheit in dem Themenfeld gewinnen können. (*DGUV*, So geht's mit Ideen-Treffen, Berlin, 2014)

– Mehrere Krankenkassen haben in den letzten Jahren umfangreiche Statistiken und detaillierte Auswertungen zu psychischen Erkrankungen publiziert sowie Analysen bezüglich der Zusammenhänge zwischen Belastungen bei der Arbeit, soziodemografischer Merkmale und dem Krankheitsgeschehen vorgelegt.

DIE GEMEINSAME DEUTSCHE ARBEITSSCHUTZSTRATEGIE (GDA)

Die Gemeinsame Deutsche Arbeitsschutzstrategie (GDA) ist „eine auf Dauer angelegte konzertierte Aktion von Bund, Ländern und Unfallversicherungsträgern zur Stärkung von Sicherheit und Gesundheit am Arbeitsplatz." Sie schafft die Grundlage für ein abgestimmtes Handeln der Träger, um die gemeinsam festgelegten Arbeitsschutzziele zu erreichen. Neu für den deutschen Arbeitsschutz ist, dass neben den Trägern, also den eigentlichen Arbeitsschutzakteuren, auch weitere Kooperationspartner an der GDA mitwirken. An maßgeblicher Stelle in den GDA-Gremien sind die Dachorganisationen der Sozialpartner vertreten, d.h. der Deutsche Gewerkschaftsbund und die Bundesvereinigung Deutscher Arbeitgeberverbände (BDA). Auch die Krankenkassen und einige wissenschaftliche Institute wirken in den GDA-Kooperationsstrukturen mit. Damit ist der gesellschaftliche Diskurs um die sozialpolitische Funktion und Zukunft des betrieblichen Arbeits- und Gesundheitsschutzes in den GDA-Gremien präsent und eine Begrenzung allein auf die Blickrichtung der Aufsichtsdienste wird vermieden.

Die gesetzliche Grundlage der Gemeinsamen Deutschen Arbeitsschutzstrategie und des Zusammenwirkens ihrer Träger wurde im November 2008 mit der Novellierung des Arbeitsschutzgesetzes und dem Sozialgesetzbuch VII geschaffen. „Die Gesetzliche Veränderung im Unfallversicherungsmodernisierungsgesetz (UVMG) in Verbindung mit Änderungen und Ergänzungen in § 20 SGB VII und § 21 ArbSchG bilden die Basis für die rechtliche Verankerung der GDA. Anstoß für diese gesetzliche Initiative war die Erkenntnis, dass das sogenannte duale Arbeitsschutzsystem in Deutschland, also das parallele Präventions- und Aufsichtshandeln von Arbeitsschutzbehörden und Unfallversicherungsträgern deutliche Defizite in Bezug auf strategische Orientierung sowie auf Kooperation und Abstimmung zeigten."[3]

Mit der GDA stellt sich der Arbeitsschutz in Deutschland explizit in den Kontext der Lissabon-Strategie, die auf der Grundaussage fußt, dass es angesichts der weit reichenden Änderungen in Wirtschaft und Arbeitswelt erforderlich ist, eine neue Balance zwischen wirtschaftlichem Wachstum, Flexibilität und humaner Qualität der Arbeit zu schaffen, wobei Sicherheit und Gesundheit bei der Arbeit eine zentrale Rolle spielen.[4]

Um die Zusammenarbeit der Aufsichtsdienste dauerhaft zu verbessern, wurden Leitlinien für ein abgestimmtes Vorgehen bei der Beratung und Überwachung der Betriebe gesetzlich verankert. Hierzu haben sich die GDA-Träger im Wesentlichen auf vier zentrale Instrumente verständigt:

1) Es werden in allen 16 Bundesländern Rahmenvereinbarungen zwischen den obersten Arbeitsschutzbehörden der Länder und den Unfallversicherungen abgeschlossen, die verbindliche Festlegungen zur Zusammenarbeit beinhalten.

2) Gemeinsame Grundsätze für die Beratungs- und Überwachungstätigkeiten beschreiben das Grundverständnis der GDA-Träger zu zentralen Themen der Sicherheit und Gesundheit bei der Arbeit. In ihnen wird der Rahmen für das Vorgehen bei der Beratung und Überwachung von Betrieben konkretisiert. Als ein erster gemeinsamer Grundsatz wurde 2008 die Leitlinie „Gefährdungsbeurteilung und Dokumentation" verabschiedet; im Dezember 2011 wurde die Leitlinie „Organisation des betrieblichen Arbeitsschutzes" eingeführt, gefolgt von der Leitlinie „Beratung und Überwachung bei psychischer Belastung am Arbeitsplatz" im September 2012. Die Leitlinien richten sich zwar zunächst an das Aufsichtspersonal der

---

3 Vgl. *Ludborzs, B.; Splittgerber, B.:* 2012.
4 Siehe Position der Europäischen Kommission zu Sicherheit und Gesundheitsschutz am Arbeitsplatz unter: http://ec.europa.eu/social/main.jsp?catId =82&langId=de.

Länder und Unfallversicherungsträger, sind aber öffentlich verfügbar, z.B. auf dem Portal www.gda-portal.de und können so von den Betrieben, Fachkräften und als Orientierung für erforderliche Maßnahmen im Betrieb genutzt werden.

3) Schaffung eines IT-unterstützten Daten- und Informationsaustausches mit dem Ziel, Betriebsbesichtigungen effizient zu gestalten und Doppelbesichtigungen zu vermeiden.

4) Schaffung eines überschaubaren und praxistauglichen Regelwerks: Ziel ist es, das komplexe Vorschriften- und Regelwerk von Staat und Unfallversicherungsträgern zum Arbeits- und Gesundheitsschutzes aufeinander abzustimmen, Doppelregelungen abzubauen und so Transparenz und Rechtssicherheit herzustellen. In dem entsprechenden „GDA-Leitlinienpapier zur Neuordnung des Vorschriften- und Regelwerks" wird beispielsweise klargestellt, dass das staatliche Recht Vorrang hat und dass neue Unfallverhütungsvorschriften nur noch nach Bedarfsprüfung erlassen werden; Aufgabe der Unfallversicherungsträger ist es vielmehr zukünftig, mit sogenannten Branchenregeln die staatlichen Gesetze und Vorschriften branchenspezifisch und praxisnah zu konkretisieren.

Das politische Entscheidungsgremium der GDA ist die Nationale Arbeitsschutzkonferenz (NAK). In die NAK werden jeweils drei Vertreterinnen/Vertreter des Bundes, der Arbeitsschutzbehörden der Länder und der Spitzenverbände der gesetzlichen Unfallversicherung berufen. Weiterhin sind je drei Personen der Arbeitgeberverbände und der Gewerkschaften mit beratender Stimme in der NAK vertreten. Der Vorsitz der NAK wechselt jährlich zwischen den GDA-Trägern. Die Geschäftsführung der NAK obliegt der NAK-Geschäftsstelle, die bei der Bundesanstalt für Arbeitsschutz und Arbeitsmedizin (BAuA) angegliedert ist.

Bei der Ausgestaltung und Fortentwicklung der Handlungsschwerpunkte und Programme wird die NAK durch das Arbeitsschutzforum beraten, einer jährlich durchgeführten Konferenz, die die Aufgabe hat, den fachlichen Austausch mit den Arbeitsschutzexperten der Verbände, der Wissenschaft und der Fachöffentlichkeit sicherzustellen.

Die Prozesse und Ergebnisse der GDA insgesamt – wie auch der einzelnen Arbeitsprogramme – werden regelmäßig evaluiert, die Ergebnisse der Evaluation werden publiziert und damit der allgemeinen Nutzung zugänglich gemacht.

In der GDA haben sich Bund, Länder und Unfallversicherungsträger dazu verpflichtet, ihre Präventionspolitik aufeinander abzustimmen und bei der Umsetzung der gemeinsamen Arbeitsschutzziele zu kooperieren. Am greifbarsten wird diese Kooperation in den übergreifenden thematischen Arbeitsprogrammen, die in der jeweiligen GDA-Periode, d.h. für einen Zeitraum von 4 bis 5 Jahren, vereinbart und gemeinsam realisiert werden. Die GDA-Arbeitsprogramme wenden sich insbesondere an die Betriebe – sie unterstützen also Unternehmer, Führungskräfte, Personalvertretungen, Beschäftigte und betriebliche Arbeitsschutzexperten bei der konkreten Ausgestaltung des Arbeitsschutzes.

DIE ERSTE PERIODE DER GDA

Seit 2008 – mit Beginn der ersten GDA-Periode – kooperieren die Aufsichtsdienste des deutschen Arbeitsschutzes erstmals in einem engen Kontext. Nicht nur aus deutscher, auch aus europäischer Perspektive fehlte es zuvor an konsensualen Arbeitsschutzzielen von Bund, Arbeitsschutzbehörden der Länder und Unfallversicherungsträgern sowie an einer effektiven Umsetzung. Die erste GDA-Periode erstreckte sich auf den Zeitraum von 2008 bis 2012 und war auf drei zentrale Arbeitsschutzziele ausgerichtet:

1. Verringerung der Häufigkeit und Schwere von Arbeitsunfällen
2. Verringerung der Häufigkeit und Schwere von Muskel-Skeletterkrankungen
3. Verringerung der Häufigkeit und Schwere von Hauterkrankungen

Zur Konkretisierung dieser Arbeitsschutzziele wurden seinerzeit elf Arbeitsprogramme vereinbart, die themen- oder branchenspezifisch zur Erreichung der gesetzten Ziele beitrugen. Im Einzelnen wurden die folgenden Programme realisiert:

- Sicherheit und Gesundheitsschutz bei Bau- und Montagearbeiten
- Sicherheit und Gesundheitsschutz bei der Zeitarbeit
- Sicher fahren und transportieren
- Sicherheit und Gesundheitsschutz bei der Pflege
- Gesund und erfolgreich arbeiten im Büro
- Gesundheitsschutz bei Feuchtarbeit und Tätigkeiten mit hautschädigenden Stoffen
- Sensibilisierung zum Thema Sicherheit und Gesundheitsschutz in Schulen
- Arbeitsprogramm Ernährungsindustrie
- Arbeitsprogramm Feinmechanik
- Arbeitsprogramm Hotellerie
- Arbeitsprogramm ÖPNV

In diesen Arbeitsprogrammen wurde eine breite Zusammenarbeit zwischen den Arbeitsschutzbehörden der Länder und den Unfallversicherungsträgern bei der Beratung und Überwachung von Betrieben realisiert, es wurden insgesamt rund 150 000 Betriebsstätten und Baustellen aufgesucht, um Unternehmen bei der Erfüllung ihrer Pflichten im Arbeits- und Gesundheitsschutz zu unterstützen und zu überzeugen. Aus der übergreifenden Evaluation der ersten GDA-Periode lässt sich erkennen, dass die Strategie insgesamt auf einem erfolgversprechenden Weg ist: Es konnte gezeigt werden, dass Betriebe, die in die GDA-Arbeitsprogramme einbezogen waren, bei zentralen Aspekten des Arbeitsschutzes deutlich besser abschnitten als andere Betriebe. „Die gezeigten Verbesserungen im Ergebnis sind kein Wirkungsbeweis der GDA, jedoch ein Indiz für die Wirksamkeit des Aufsichtshandelns, sowie dafür, dass die gewählte Interventionsmethodik im Rahmen der Arbeitsprogramme bei den „Underperformern" einen Anstoß zur Verbesserung geliefert hat (Abschlussbericht zur Dachevaluation der Gemeinsamen Deutschen Arbeitsschutzstrategie, S. 85 f., auch: S. 66 ff.). Andererseits wurde aber auch deutlich, dass damit die Arbeitsschutzziele insgesamt noch nicht erreicht sind, denn nach wie vor haben viele Betriebe noch keine Gefährdungsbeurteilung erstellt bzw. die vorliegenden Gefährdungsbeurteilungen weisen relevante Mängel auf. Auf der Basis einer telefonischen Befragung von 6.500 Betrieben kommt die Dachevaluation der GDA zu folgender Verteilung:

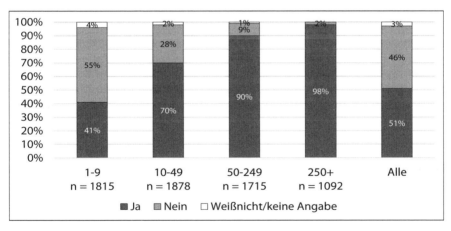

Abbildung 1-3: Durchführung von Gefährdungsbeurteilungen nach Betriebs-Größenklassen (Abbildung aus Abschlussbericht Dachevaluation, S. 67, NAK 2013)

Es besteht Konsens innerhalb der GDA, dass insbesondere für Klein- und Kleinstbetriebe weitere Handlungshilfen und Unterstützung bereitgestellt werden muss. Auch sollte der Fokus des Arbeitsschutzes stärker auf besonders gesundheitsriskante bzw. kritische Arbeitsplätze und Branchen gerichtet werden. Hinsichtlich der Kooperation innerhalb der GDA zeigte sich, dass seitens der Entscheidungsträger ein funktionierender Handlungsrahmen etabliert werden konnte, es ist jedoch im Weiteren erforderlich, den Austausch zwischen inner- und überbetrieblichen Arbeitsschutzakteuren auf der operativen Ebene weiter zu intensivieren.

DIE AKTUELLE PERIODE DER GDA

Für die derzeitige GDA-Periode, die sich auf die Jahre 2013 bis 2018 erstreckt, wurden ebenfalls drei Arbeitsschutzziele festgelegt, die aber jeweils nur mit einem Arbeitsprogramm untersetzt sind. Damit ist die GDA der Kritik der betrieblichen und überbetrieblichen Praxis nachgekommen, ihre Aktivitäten stärker zu fokussieren und so die aktuellen Arbeitsschutzschutzfragen fundierter und mit höherem Nachdruck aufzugreifen. Die Programme wurden jeweils vielschichtiger gestaltet, es werden also nicht lediglich ‚koordinierte und abgestimmte Aufsichtsstrategien' verfolgt, sondern diese werden zusätzlich mit Informations- und Qualifizierungsaktivitäten flankiert. Konkret bedeutet dies, dass für jedes der Programme ein gemeinsamer, übergreifender Aufsichtsschwerpunkt erarbeitet wurde, in dessen Verlauf das Aufsichtspersonal der Arbeitsschutzbehörden und Unfallversicherungsträger abgestimmte Betriebsbesichtigungen durchführt. Pro Programm werden dabei für die Laufzeit der zweiten GDA-Periode bundesweit 12.000 bis 16.000 Betriebsbesuche angestrebt. Unternehmen erhalten Informationen und Beratung, um die angestrebten Verbesserungen des betrieblichen Arbeitsschutzes umzusetzen. Diese Betriebsbesichtigungen finden im Rahmen der normalen Tätigkeit der Aufsichtspersonen statt und unterliegen auch den entsprechenden gesetzlichen und institutionellen Regularien, d. h. sie umfassen neben den Informations- und Beratungselementen auch die übliche Aufsichtätigkeit, bis hin zu Sanktionen – falls erforderlich.

Ein gemeinsames Element aller drei Programme ist die zentrale Rolle, die der betrieblichen Gefährdungsbeurteilung beigemessen wird: unabhängig vom jeweiligen Programmschwerpunkt ist es das erklärte Ziel in der aktuellen GDA-Periode, den Anteil der Betriebe, die über eine angemessene Gefährdungsbeurteilung verfügen, deutlich zu steigern und weiterhin dafür zu sorgen, dass die Qualität der Gefährdungsbeurteilungen verbessert wird. Als Maßstab wird dabei auf die Leitlinie „Gefährdungsbeurteilung und Dokumentation" Bezug genommen, in der die Prozessschritte, die für eine Gefährdungsbeurtei-

36

lung erforderlich sind, idealtypisch dargestellt sind (NAK 2013, Leitlinie Gefährdungsbeurteilung und Dokumentation, S. 7 ff.).

Folgende Themen stehen im Mittelpunkt der zweiten GDA-Periode:

1) Betriebliche Organisation des Arbeitsschutzes – Arbeitsschutz mit Methode
2) Informationen zum Arbeitsprogramm Muskel-Skelett-Erkrankungen – Prävention macht stark – auch Deinen Rücken
3) Schutz und Stärkung der Gesundheit bei arbeitsbedingter psychischer Belastung; Stress reduzieren – Potenziale entwickeln.

Diese Programme werden auf der Basis gemeinsamer Vorgehensweisen, mit abgestimmter Methodik und in einem gemeinsamen fachlichen Rahmen durchgeführt. Sie orientieren sich in den Grundlagen des Aufsichtshandelns an den GDA-Leitlinien, die sicherstellen sollen, dass konkrete Beratungs- und Überwachungskonzepte inhaltlich gleichgerichtet sind.

BETRIEBLICHE ORGANISATION DES ARBEITSSCHUTZES – ARBEITSSCHUTZ MIT METHODE (ORGA)

Dieses GDA-Arbeitsprogramm hat es sich zum Ziel gesetzt, Betriebe dabei zu unterstützen, ihre Organisation des betrieblichen Arbeitsschutzes zu analysieren und zu verbessern. Zwei Bereiche stehen dabei im Fokus:

– die Gefährdungsbeurteilung als zentrales Instrument des Arbeitsschutzes
– die verbesserte Integration von Fragen der Sicherheit und des Gesundheitsschutzes in betriebliche Abläufe und Entscheidungen

Bei der Umsetzung des Programms kommen sowohl Informationsangebote als auch Beratungs- und Überwachungsmaßnahmen zum Einsatz. Dabei wird seitens des Programms von der Grundannahme ausgegangen, dass in jedem Betrieb spezifische Gegebenheiten vorliegen, „Jeder Betrieb ist anders", und dass von daher die erfolgreiche Implementierung einer guten Arbeitsschutzorganisation auf die konkreten Bedürfnisse des Betriebs abgestimmt sein muss. Das GDA-Programm hält verschiedene Unterstützungsangebote bereit, um Unternehmen und betriebliche Entscheidungsträger zu befähigen, ihre betriebliche Arbeitsschutzorganisation zu optimieren. Mittel hierzu sind:

■ der „GDA-ORGAcheck", der sich insbesondere an kleine und mittelständische Betriebe richtet und Hilfestellungen sowie Grundsatzinformationen zur Selbstbewertung der Organisation des betrieblichen Arbeitsschutzes bietet. Unternehmen können auf dieser Basis die Schwachstellen in ihrer Arbeitsschutzorganisation feststellen und gezielt Verbesserungsmaßnahmen ergreifen. Das Instrument steht als Online-Tool (www.gda-orgacheck.de) und als Papierversion zur Verfügung. Auf der Basis ihrer bearbeiteten Selbstbewertung können die Betriebe sich mit den Benchmarking-Werten anderer Unternehmen (z.B. der gleichen Branche oder Größe) vergleichen und erhalten so Hinweise auf ihr „Ranking".

- Informationsveranstaltungen und Seminare, auch zur Einführung von Arbeitsschutzmanagementsystemen

- Die Überprüfung des Status der betrieblichen Arbeitsschutzorganisation und der Durchführung der Gefährdungsbeurteilung durch das Aufsichtspersonal der GDA-Träger.[5]

INFORMATIONEN ZUM ARBEITSPROGRAMM MUSKEL-SKELETT-ERKRANKUNGEN (MSE) – PRÄVENTION MACHT STARK – AUCH DEINEN RÜCKEN

Ziel dieses Programms ist die Verringerung von arbeitsbedingten Gesundheitsgefährdungen und Erkrankungen im Muskel-Skelett-Bereich. Da diese Beschwerden zu den häufigsten Gesundheitsproblemen zählen, liegen hier – neben den Schmerzen und Beeinträchtigungen der Betroffenen – wesentliche Ursachen für Arbeitsunfähigkeit, Ausfallzeiten und hohe Behandlungskosten. Um arbeitsbedingte Gesundheitsgefährdungen und Erkrankungen zu senken, konzentriert das Arbeitsprogramm seine Aktivitäten auf Bereiche, in denen das Erkrankungsrisiko besonders hoch ist: schweres Heben und Tragen, sich wiederholende Arbeitsabläufe oder bewegungsarme Tätigkeiten. Folglich steht im Zentrum der Programmaktivitäten die gesundheitsgerechte Gestaltung von:

– Tätigkeiten mit hohen körperlichen Belastungen
– Bewegungsarmen und einseitig belastenden Tätigkeiten.

Seitens dieses Programms werden zwei mögliche Ansatzpunkte für den Start präventiver Konzepte gesehen: einerseits die betriebliche Präventionskultur – also die Gestaltung guter Arbeitsbedingungen – und andererseits die Gesundheitskompetenz der Beschäftigten. Deshalb wendet sich das Programm einerseits an Beschäftigte, denen die Möglichkeit gegeben werden soll, an betrieblich geförderten MSE-Präventionsangeboten teilzunehmen. Aber auch Führungskräfte wer-

---

5 Weitere Informationen finden sich im Internetportal der Gemeinsamen Deutschen Arbeitsschutzstrategie: www.gda-portal.de.

den angesprochen und daneben Multiplikatoren, beispielsweise Fachkräfte für Arbeitssicherheit, Betriebsärzte und betriebliche Interessensvertretungen.

Neben der Fokussierung der Aufsichtstätigkeit auf das Thema Ergonomie und Belastungen des Bewegungsapparats werden auch in diesem GDA-Programm Schulungen, Seminare und Informationsangebote gemacht, die sich an betriebliche Akteure richten und dazu beitragen sollen, die Kompetenz zur Prävention von Muskel- und Skeletterkrankungen zu verbessern. Zusätzlich wurde mit dem branchenübergreifenden Portal „gdabewegt.de" eine Plattform geschaffen, in der alle Angebote der GDA-Träger und Sozialpartner zur MSE-Prävention gebündelt werden.

SCHUTZ UND STÄRKUNG DER GESUNDHEIT BEI ARBEITSBEDINGTER PSYCHISCHER BELASTUNG; STRESS REDUZIEREN – POTENZIALE ENTWICKELN

Psychische Belastungen – darauf weist beispielsweise der Stressreport der Bundesanstalt für Arbeitsschutz und Arbeitsmedizin (BAuA, 2012) hin – treten nicht nur in den Berufen des Dienstleistungs- und Kommunikationsbereichs auf, auch in den gewerblichen Branchen und im Baugewerbe sind Phänomene wie hoher Termin- und Leistungsdruck weit verbreitet. Insoweit ist es wichtig in allen Branchen und Betriebsgrößen eine adäquate Berücksichtigung psychischer Belastung im betrieblichen Arbeits- und Gesundheitsschutz sicherzustellen und die Handlungssicherheit aller Arbeitsschutzakteure in diesem Themenfeld zu verbessern.

Das Gesamtziel dieses GDA Programms ist die flächendeckende Umsetzung von Maßnahmen zur menschengerechten Gestaltung der Arbeit und die Vermeidung von Gesundheitsrisiken durch psychische Belastungen. In der Ausrichtung des Programms spiegelt sich die Überzeugung der GDA-Träger, dass der betriebliche ‚Einstieg' in das Thema der psychischen Belastungen an den Arbeitsplätzen sinnvollerweise über die Gefährdungsbeurteilung erfolgt, die seit der Novellierung des Arbeitsschutzgesetzes explizit auch psychische Belastung zu berücksichtigten hat. Hier besteht erheblicher Handlungsbedarf, denn anders als in anderen europäischen Ländern, hat sich in Deutschland erst eine Minderheit der Betriebe im Rahmen der Gefährdungsbeurteilung mit den psychischen Belastungen an ihren Arbeitsplätzen befasst. Dabei gilt: „Es besteht keine Pflicht dazu, psychische Belastungen in einer gesonderten Gefährdungsbeurteilung zu behandeln. Vielmehr umfasst die Gefährdungsbeurteilung die Beurteilung aller mit der Tätigkeit verbundenen Belastungen mit Auswirkungen auf die physische und psychische Gesundheit."[6]

Hierbei ist zu unterstreichen – und das ist insbesondere für die betrieblichen Praktiker von Bedeutung – dass es bei der Gefährdungsbeurteilung im Sinne des Arbeitsschutzgesetzes immer um die Beurteilung und Gestaltung der Arbeit geht, – nicht um die Beurteilung der psychischen Verfassung oder Gesundheit der Beschäftigten![7] Die Gefährdungsbeurteilung – auch dort, wo sie sich mit psychischer Belastung befasst – analysiert Arbeitsbedingungen und -abläufe und leitet hieraus bei Bedarf Gestaltungsmaßnahmen ab.

Neben der zunächst eher formalen Herangehensweise über die betriebliche Gefährdungsbeurteilung wird in dem GDA-Programm auch auf die Themen ‚menschengerechte Gestaltung der Arbeitszeit‘ und ‚traumatische Ereignisse‘ vertieft eingegangen. Dies steht vor dem Hintergrund, dass Befunde des Stressreports 2012 (BAuA, 2012) darauf hindeuten, dass der betriebliche Umgang mit der Arbeitszeit sowie der Arbeitsverteilung für die Belastungswahrnehmung der Beschäftigten von vorrangiger Bedeutung sind: neben Länge und Lage der Arbeitszeit spielt hohe Arbeitsdichte eine Rolle, aber auch Aspekte der zeitlichen Flexibilisierung, atypische Arbeitszeitverteilung, kurzfristige Einsatzplanung etc. sind zu berücksichtigen.

Ein anderes Themenfeld, das an Dringlichkeit gewonnen hat, sind traumatische Ereignisse bzw. der Umgang mit schwierigen Kunden: es haben sich einige schwere Zwischenfälle beispielsweise in Jobcentern und dem Einzelhandel ereignet. Damit steigt die potentielle Gefährdung bzw. das Gefühl der Bedrohung durch Unfälle, Überfälle, Übergriffe etc. und muss als Belastungsfaktor ernst genommen werden. An diesen Arbeitsplätzen sind entsprechende Präventionsmaßnahmen notwendig, die bereits gut erprobt, aber noch nicht im erforderlichen Umfang umgesetzt sind.[8]

Gerade beim Thema der Berücksichtigung psychischer Belastungsfaktoren im Arbeitsschutz gilt es sich zu vergegenwärtigen, dass die Arbeitsschutzinstitutionen im Rahmen ihrer Zuständigkeit handeln,

---

6 GDA-Arbeitsprogramm ‚Psyche‘, Empfehlungen zur Umsetzung der Gefährdungsbeurteilung psychischer Belastung, S. 5.

7 Siehe auch: GDA-Programm ‚Psyche‘, Empfehlungen zur Umsetzung der Gefährdungsbeurteilung psychischer Belastung, S. 5.

8 Siehe auch: Gewaltfreier Arbeitsplatz, Handlungsempfehlung zur Implementierung einer Unternehmenspolicy, INQA 2008; Wenn aus Kollegen Feinde werden, Der Ratgeber zum Umgang mit Mobbing, BAuA, Dortmund 2010.

dabei zwar einen Ermessensspielraum haben, aber letztlich auf dem Feld des rechtlich verbindlich geregelten Arbeitsschutzes tätig werden.

Anzustreben wäre es, dass Maßnahmen der betrieblichen Gesundheitsförderung, gleichfalls die Integration psychisch Erkrankter in die Arbeitswelt, die als freiwillige Leistung den Arbeitgeber, teils mit Unterstützung der Krankenkassen, erbracht werden, inhaltlich, zeitlich und methodisch mit den Arbeitsschutzmaßnahmen koordiniert werden.

Zukünftig wird gerade in Bezug auf diese Präventionsansätze durch das 2015 verabschiedete Präventionsgesetz voraussichtlich ein größerer Spielraum gegeben sein. Denn das Präventionsgesetz verpflichtet die Krankkassen, in unterschiedlichen Lebenswelten, darunter auch in der betrieblichen Gesundheitsförderung, stärker als bisher Maßnahmen anzubieten, einschließlich der Bereitstellung finanzieller Ressourcen.

Das Präventionsgesetz nimmt Bezug auf die GDA und ist wie sie darauf ausgerichtet, die Kooperation zwischen den Akteuren zu intensivieren und zu koordinieren. Konkret wird eine engere Zusammenarbeit zwischen Sozialversicherungsträgern, Ländern und Kommunen in den Bereichen Prävention und Gesundheitsförderung angestrebt.[9]

Vor dem Hintergrund dieser Überlegungen stehen folgende Handlungsfelder im Fokus des GDA-Programms:

– Arbeitsbedingte psychische Belastungen frühzeitig erkennen und im Hinblick auf Gesundheitsgefährdungen beurteilen

– Präventive, arbeitsorganisatorische sowie gesundheits- und kompetenzfördernde Maßnahmen zur Verminderung arbeitsbedingter psychischer Gefährdungen entwickeln und umsetzen.

Psychische Belastungen im Arbeitsleben und ihre Folgen stellen heute viele Unternehmen vor große Herausforderungen. Häufig fehlt es an dem Wissen um Präventionsmöglichkeiten und betriebliche Gestaltungsoptionen. Deshalb legt das Arbeitsprogramm einen großen Teil seiner Aktivitäten auf die umfassende Information und Qualifikation der betrieblichen Akteurinnen und Akteure; es sollen Unternehmerinnen und Unternehmer, Führungskräfte, Personalvertretungen sowie

---

9 Aktuelle Informationen zum Präventionsgesetz finden sich auf der Internetseite des Bundesministeriums für Gesundheit. http://bmg.bund.de/themen/praevention/praeventionsgesetz.html.

Verantwortliche für den Arbeits- und Gesundheitsschutz erreicht werden, um sie zu befähigen, das Thema in ihrem jeweiligen Verantwortungsbereich adäquat aufzugreifen.

Seit Anfang 2015 führt das Aufsichtspersonal der Arbeitsschutzbehörden und Unfallversicherungsträger Betriebsbesichtigungen durch. Länder und Unfallversicherungen beraten die Betriebe gezielt zur Gefährdungsbeurteilung psychischer Belastung, zur gesundheitsförderlichen Gestaltung der Arbeitszeit und zum Umgang mit traumatisierenden Ereignissen am Arbeitsplatz. Bis Ende 2017 sollten mindesten 12.000 Betriebe aufgesucht werden.

Es existieren folgende flankierende Angebote des Programms:

– Auf dem Internetportal gda-psyche.de finden Interessierte breit gefächerte Informationen zum Thema psychischer Belastungen am Arbeitsplatz.

– In den „Empfehlungen zur Umsetzung der Gefährdungsbeurteilung psychischer Belastungen" (GDA-Arbeitsprogramm ‚Psyche‘, 2016) wird in kompakter Form erläutert, wie bei der Erstellung einer Gefährdungsbeurteilung zu psychischer Belastungen vorgegangen werden kann, einschließlich möglicher Methoden und Instrumente. Damit wird ein Korridor beschrieben, innerhalb dessen sich die konkrete Umsetzung der Gefährdungsbeurteilung bewegen soll.

– Handlungshilfen für die betriebliche Praxis: Es werden Beispiele guter Praxis zum Umgang mit psychischen Belastungen am Arbeitsplatz zusammengestellt und der Öffentlichkeit zugänglich gemacht. Unternehmen, Beschäftigte und Arbeitsschutzexperten erhalten dadurch praxisnahe Unterstützung für die Verbesserung der Arbeitsbedingungen im betrieblichen Alltag.

– Qualifizierung des Aufsichtspersonals: Das Aufsichtspersonal der Arbeitsschutzbehörden und Unfallversicherungsträger wird geschult, um psychische Belastungen besser zu erkennen und Betriebe angemessen beraten zu können. Bis zum Ende des Programms soll das gesamte Aufsichtspersonal über ein Grundwissen zu psychischen Belastungen verfügen.

Zusammenfassend betrachtet ist zu konstatieren, dass die GDA sich als die zentrale Strategie des deutschen Arbeitsschutzes etabliert hat und dabei ist, den Arbeitsschutz in Deutschland in dem Sinne zukunftsfähig zu machen, dass er den Herausforderungen durch die sich ändernde Arbeitswelt gewachsen ist.

AUFSICHTSDIENSTE IM DEUTSCHEN ARBEITSSCHUTZ

Arbeitsschutzbehörden der Länder

Auf der Grundlage der ILO-Konvention 81 und der bundeseinheitlichen Gesetzgebung sind in allen sechzehn Bundesländern spezielle Arbeitsschutzbehörden eingerichtet, die allerdings recht unterschiedlich organisiert sind. Sie haben die Aufgabe, die Einhaltung der Arbeitsschutzgesetzgebung in den Betrieben zu überwachen, die Arbeitgeber bezüglich der Erfüllung ihrer Pflichten zu beraten und – soweit notwendig – Verstöße zu sanktionieren. Zusätzlich sind sie für weitere arbeitsschutzrelevante Regelungen zuständig, vor allem im Bereich des sozialen Arbeitsschutzes – d.h. dem Arbeitszeitgesetz, den Lenkzeitvorschriften, dem Jugendarbeitsschutz, dem Mutterschutz sowie in der Produktsicherheit. Neben diesen Kernvorschriften sind die Arbeitsschutzbehörden oftmals noch für weitere Rechtsvorschriften zuständig, mit großen Unterschieden in den einzelnen Ländern.

„Die Überwachung des Arbeitsschutzes und die Beratung des Arbeitgebers bei der Erfüllung seiner Pflichten sind Aufgaben der staatlichen Arbeitsschutzbehörde nach dem Arbeitsschutzgesetz. Der Schwerpunkt der Arbeitsschutzbehörden der Länder liegt in der Überprüfung und Durchsetzung der in Gesetzen und Verordnungen fixierten rechtlichen Forderungen zur Gewährleistung von Sicherheit und Gesundheitsschutz der Beschäftigten. Dies ist die prioritäre Aufgabe der staatlichen Arbeitsschutzbehörden entsprechend § 21 Abs. 1 und 3 sowie § 22 Abs. 1 und 2 Arbeitsschutzgesetz." (LV 1, S. 8)

Die staatlichen Arbeitsschutzbehörden erfüllen ihre Aufgaben vor allem durch Betriebsbesichtigungen, Begutachtung und Genehmigung von Anlagen, Betriebsstätten oder von Arbeitsverfahren vor Inbetriebnahme sowie durch die direkte Beratung von betrieblichen Akteuren. Die Arbeitsschutzinspektoren haben die Möglichkeit, bei Verstößen gegen die Arbeitsschutzvorschriften durch Revisionsschreiben, Verfügungen, Anordnungen oder Ordnungswidrigkeitsverfahren für die Herstellung eines rechtskonformen Zustands zu sorgen. Auch Zwangsmaßnahmen wie Zwangsgelder und Ersatzvornahme können verhängt werden. Bei der Anwendung ihrer Aufsichtskompetenzen haben die Beamten einen breiten Ermessensspielraum. Bei akuten Gefährdungen können Arbeitsstätten, Maschinen, Geräte und technische Anlagen stillgelegt oder der Umgang mit Arbeitsmitteln und Gefahrstoffen untersagt werden.

Im Länderausschuss für Arbeitsschutz und Sicherheitstechnik (LASI) koordinieren die Bundesländer ihre Politik zu Fragen der Sicherheit und des Gesundheitsschutzes in der Arbeitswelt.

Unfallversicherungsträger

Es ist die Aufgabe der Unfallversicherungsträger (UVT) – d.h. der Berufsgenossenschaften, Unfallkassen und der Sozialversicherung Landwirtschaft, Garten und Forsten – Arbeitsunfälle und Berufskrankheiten sowie arbeitsbedingte Gesundheitsgefahren „mit allen geeigneten Mitteln" zu verhüten. Sie erfüllen diesen Präventionsauftrag in erster Linie durch Beratung der Unternehmen in Fragen des Arbeits- und Gesundheitsschutzes durch Aufsichtspersonen (früher: Technische Aufsichtsbeamte), die mit hoheitlichen Befugnissen ausgestattet sind. Dieser umfassende Präventionsauftrag wird durch die Selbstverwaltungen der Unfallversicherungsträger ausgestaltet.

Beschäftigte, die einen Arbeitsunfall erlitten haben oder an einer Berufskrankheit leiden, werden durch die Berufsgenossenschaften medizinisch, beruflich und sozial rehabilitiert.

Nach mehreren Fusionen in den letzten Jahren bestehen gegenwärtig neun gewerbliche Berufsgenossenschaften. Hinzu kommen die Unfallversicherungsträger der öffentlichen Hand sowie die SVLFG, in der die land- und forstwirtschaftlichen Betriebe versichert sind.

Die Deutsche Gesetzliche Unfallversicherung (DGUV) ist der Spitzenverband der Unfallversicherungsträger. Sie vertritt die gesetzliche Unfallversicherung gegenüber Politik, Bundes-, Landes-, europäischen und sonstigen nationalen und internationalen Institutionen sowie Sozialpartnern. In der Prävention koordiniert die DGUV die trägerübergreifenden Aktivitäten der einzelnen UVT.

1.4 Arbeits- und Gesundheitsschutz im Betrieb

Organisationssoziologisch betrachtet ist ein Betrieb oder eine Institution eine Organisation, in der Menschen arbeiten um Rohstoffe zu gewinnen, Güter zu produzieren oder Dienstleistungen zu erbringen. Bei dieser Leistungserbringung agieren die Betriebe auf dem Markt, dessen Mechanismen sie unterworfen sind, und auch die Institutionen – etwa des öffentlichen Dienstes – handeln unter rechtlich, wirtschaftlich und sozial vorgegebenen Rahmenbedingungen. Gleichzeitig ist „die Arbeit", d.h. der Betrieb, die Dienststelle etc., ein Ort an dem soziales Geschehen stattfindet. Es eine Lebenswelt, in der für die Beschäftigten ein erheblicher Teil ihres Alltages stattfindet bzw. gestaltet wird. Arbeitsbedingungen, soziale Beziehungen, Arbeitsabläufe, ökonomische Randbedingungen, aber auch Betriebsklima und betriebliche Aktivitäten haben einen sehr wesentlichen Einfluss auf die Leistungsfähigkeit, die Motivation, die Gesundheit und somit auch auf die Lebensqualität der Beschäftigten.

Bezeichnet wird dies – nicht zuletzt im Präventionsgesetz – als „Setting Betrieb" und beschreibt damit den Betrieb/das Unternehmen als soziales System, in dem ein großer Teil des Alltags der dort arbeitenden Menschen stattfindet und das damit einen wichtigen Einfluss auf deren Lebensbedingungen, einschließlich Gesundheit und Zufriedenheit, hat. Das Setting Betrieb zeichnet sich, gegenüber anderen Settings wie Schule, Kindergarten, Wohnumfeld etc., dadurch aus, dass die Menschen hier in einem sozialen Lebensbezug erreicht werden, in dem sie über längere Zeiträume hinweg größere Teile des Tages verbringen. Von daher bestehen hier gute Voraussetzungen und breit gefächerte Möglichkeiten, die Rahmenbedingungen im Betrieb gesundheitsgerecht und ressourcenförderlich zu gestalten und damit ein wesentliches Fundament für eine nachhaltige Stabilisierung und Förderung der Gesundheit und das Wohlbefinden der Beschäftigten zu schaffen. Das betrifft zunächst die Arbeitsbedingungen, d.h. die sichere und menschengerechte Gestaltung der Arbeitsplätze, Arbeitsvollzüge und die Arbeitsumgebung. Weiterhin gehört dazu die Verbesserung der Arbeitsorganisation. Dies sind die gesetzlich geforderten Maßnahmen der Arbeitssicherheit und des Arbeitsschutzes, die als Verhältnisprävention dazu beitragen, Arbeitssituationen so zu gestalten, dass von ihnen keine Risiken für Sicherheit und Gesundheit der dort Arbeitenden ausgehen. Verantwortlich für die Einhaltung der gesetzlichen Schutzvorschriften ist der Arbeitgeber.

Idealerweise werden diese Maßnahmen durch partizipative Vorgehensweisen sowie Maßnahmen zur Personalentwicklung und weiterhin durch Angebote der betrieblichen Gesundheitsförderung ergänzt. Betriebliche Gesundheitsförderung zielt primär auf Salutogenese ab, d.h. sie stärkt die Kompetenzen und Ressourcen der Beschäftigten im Umgang mit ihrer eigenen Gesundheit und ihrem eigenen Wohlbefinden. Diese verhaltenspräventiven Ansätze befähigen die Menschen, aktiv und kompetent an ihrer eigenen Gesunderhaltung mitzuwirken.

Bei betrieblicher Gesundheitsförderung handelt es sich um ein freiwilliges betriebliches Angebot, das im Idealfall gut auf die Arbeitssituationen und die Bedürfnisse der Beschäftigten abgestimmt ist und die Maßnahmen des Arbeitsschutzes ergänzt. So kann eine betriebliche Gesamtstrategie zur Verbesserung der Gesundheit und des Wohlbefindens am Arbeitsplatz entwickelt werden, die in vielen Unternehmen als betriebliches Gesundheitsmanagement dauerhaft implementiert und fortentwickelt wird.

Da sich die Unternehmen und Betriebe in Deutschland auf den nationalen und internationalen Märkten positionieren, sind sie deren Funktionsprinzipien unterworfen und nicht primär auf die Gesundheit ihrer

Belegschaften fokussiert. Es ist im Gegenteil zu konstatieren, dass das sich ändernde Gefüge der Arbeitswelt betriebliche Anpassungsstrategien auslöst, die vorwiegend oder ausschließlich an Markterfordernissen orientiert sind und aus der der Sicht der Beschäftigten oftmals mit gesundheitskritischen Tendenzen verbunden sind (s. o. S. 12).

Dies kann vermieden werden, indem Unternehmen und Betriebe gezielt und systematisch Arbeit menschengerecht gestalten, Belastungen abbauen, Gesundheitsförderung anbieten und ihre Entscheidungs- und Kommunikationswege transparent und fair gestalten. Bewährte Strategien hierzu sind beispielsweise:

– Selbstverpflichtung auf eine Erklärung zur „Corporate social responsibility"

– Implementierung Gesundheitsschutz-, Arbeitsschutz- oder integrierter Managementsysteme

– Sicherstellung/Intensivierung von Partizipation der Beschäftigten und der Personalvertretungen, Einbeziehung von Beschäftigten bei Maßnahmen des Arbeits- und Gesundheitsschutzes als „Experten in eigener Sache"

– Festlegung von Leitlinien zur Führung und Zusammenarbeit, die die Basis für Fairness und Toleranz im Umgang formulieren.

1.5 Resümee

Dem Arbeits- und Gesundheitsschutz – wenn er sich zeitgerecht aufstellt – kommt eine wichtige Bedeutung zu, denn er befindet sich aktuell an der Schnittstelle zwischen wirtschaftlichen Interessen und Sozialpolitik. Indem er die Rahmenbedingungen vorgibt, innerhalb derer Arbeit gesundheitsgerecht und persönlichkeitsfördernd gestaltet werden muss, leistet er einen relevanten Beitrag zum Erhalt von Beschäftigungsfähigkeit, und zwar für alle Alters- und Interessengruppen. Außerdem ist er ein wesentliches Element zu Sicherung der Lebensqualität und Leistungsfähigkeit.

Gleichzeitig tritt aber auch deutlich hervor, dass angesichts der tiefgreifenden Wandlungsprozesse der Arbeitswelt große Herausforderungen auf alle Akteure zukommen, denn mit Mitteln des Arbeitsschutzes allein sind die meisten der aktuellen Fragen nicht zu bewältigen. Themen wie Personalbemessung, plurale Belegschaften, diskontinuierliche Berufsbiographien, Flexibilisierung von Arbeit umreißen ein Themenfeld, in dem eine Einigung über einen gesellschaftlichen Umgang mit Arbeit erfolgen muss.

2. Betriebliches Gesundheitsmanagement

2.1 Einführung

Die Arbeitswelt unterliegt seit einigen Jahrzehnten einem grundlegenden Wandel. Während klassische körperliche Belastungen wie Schmutz, Hitze und Lärm weitgehend rückläufig sind, nehmen psychische Belastungen und daraus resultierende Gesundheitsstörungen deutlich zu.[10] Berufliche Aufgabenstellungen verändern sich immer schneller (Dynamik) und werden gleichzeitig immer komplexer, man spricht auch von zunehmender Dynaxität (Dynamik und Komplexität). Dieser Begriff wurde von Prof. Michael *Kastner* geprägt, Arbeitsmediziner und Organisationspsychologe.

Selbst in den Handwerksberufen sind Arbeiten ohne Computer kaum noch denkbar, durch moderne Informationstechnologie wird Arbeiten von zu Hause und unterwegs möglich, aber auch erwartet. Die strenge Trennung von Arbeit und Freizeit wird mit der ständigen Erreichbarkeit zunehmend unschärfer. In den Deutschland-Filialen von internationalen Internetunternehmen können die Mitarbeiter während der Arbeit mit den Kollegen eine Runde Billard spielen oder im Spielezimmer an einer Play Station neue Kraft tanken. Mittagessen, Getränke und Snacks werden gratis zur Verfügung gestellt, alles, um die Kreativität der Mitarbeiter auf möglichst hohem Level zu halten. Arbeit und Freizeit sind nicht mehr streng getrennt, sondern die Arbeit wird unterbrochen durch Freizeitaktivitäten, die bequem am Arbeitsplatz stattfinden können.

Im Sommer 2014 hat die deutsche Niederlassung eines internationalen IT-Konzerns verkündet, dass drei Standorte in Deutschland geschlossen werden sollen und die Mitarbeiter zukünftig selbst entscheiden können, von wo sie arbeiten. Damit soll eine an die Lebenswirklichkeit angepasste flexible Arbeitsweise gefördert werden. Auch hier verschwimmt die Trennung von Privatem und Beruflichem.

Die Situation in den Betrieben wird verschärft durch die demografische Entwicklung unserer Gesellschaft. Wenige junge Nachwuchskräfte rücken nach und die Anzahl der Erwerbstätigen über 55 Jahre steigt kontinuierlich an. Die stufenweise Anhebung des Rentenalters wird diese Zahl weiter steigen lassen. Bei keiner Altersgruppe hat sich

---

10 Vgl. *Peschke,* 2000.

das Niveau der Erwerbstätigenquote in den letzten Jahren so stark erhöht wie bei den 55- bis unter 65-Jährigen. Die Erwerbstätigenquote der 15- bis unter 65-Jährigen hat von 2004 bis 2014 um 9,3 Prozentpunkte zugenommen. Die der 55- bis unter 60-Jährigen ist mit +15,8 Prozentpunkten erheblich stärker gestiegen, die Erwerbstätigenquote der 60- bis unter 65-Jährigen hat sich mit einem Plus von 27,2 Prozentpunkten mehr als verdoppelt.[11]

Durch die aktuelle Flüchtlingsbewegung nach Deutschland könnte sich diese demografische Entwicklung verlangsamen. Betriebe signalisieren große Bereitschaft, Arbeitskräfte aus dem Pool der Zuwanderer zu rekrutieren, auch wenn sie zunächst vermehrt in Qualifikation investieren müssen. Die große Herausforderung wird sein, die entstehende Diversität zu managen.

Je mehr ältere Beschäftigte ein Unternehmen hat, umso mehr machen sich auch altersspezifische Effekte beim Arbeitsunfähigkeitsgeschehen bemerkbar. Ältere Beschäftigte sind nicht unbedingt häufiger krank als ihre jüngeren Kollegen, allerdings steigt die fallbezogene Krankschreibungsdauer mit zunehmendem Alter an. Die Ursache dafür ist, dass mit zunehmendem Alter die Fälle von Langzeitarbeitsunfähigkeiten zunehmen.

Der Krankenstand der in Deutschland Beschäftigten spiegelt das nicht unbedingt wider. Nach einem Hoch in den 90er Jahren (z.B. 1995 ca. 5 %) und einem Tief in 2007 (3,32 %) bewegt er sich in den Jahren 2010 bis 2014 zwischen 3,6 % und 3,8 %.[12]

Der Krankenstand ist eine der Kennzahlen, die zur Beurteilung des Erfolgs von betrieblichen Maßnahmen zur Gesundheitsförderung herangezogen werden. Ist der Krankenstand niedrig, wird daraus gerne geschlossen, dass die Belegschaft gesund ist oder die ergriffenen Maßnahmen der Gesundheitsförderung die richtigen sind. Will man den Handlungsbedarf eines Unternehmens bezüglich Gesundheitsförderung beurteilen, reicht die Betrachtung des Krankenstands jedoch nicht aus. Der Krankenstand ist nur die sichtbare Spitze des Eisbergs.

Betrachtet man die Arbeitsunfähigkeitsdaten detaillierter, so stellt man zum Beispiel fest, dass die Zahl der Fehltage wegen psychischer Erkrankungen in den letzten Jahren stark gestiegen ist. Im Jahr 2013

---

11 Bundesagentur für Arbeit, Der Arbeitsmarkt in Deutschland – Ältere am Arbeitsmarkt, Oktober 2015 Statistik/Arbeitsmarktberichterstattung.
12 Vgl. Gesundheitsberichterstattung des Bundes 23.11.2015, http://www.gbe-bund.de/oowa921-insall/servlet/oowa/aw92/dboowasys921.xwdevkit/xwd_init?gbe.isgbetol/xs_start_neu/&p_aid=i&p_aid=54419432&nummer=640&p_sprache=D&p_indsp=-&p_aid=33958686.

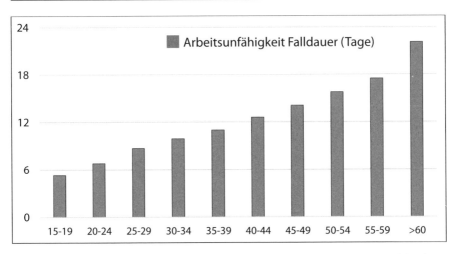

Abbildung 2-1: Durchschnittliche Falldauer von Arbeitsunfähigkeit in Deutschland nach Altersgruppen im Jahr 2014 (in AU-Tagen)[13]

verursachte jede Arbeitsunfähigkeit wegen einer psychischen Erkrankung im Mittel eine Krankschreibung von ca. 40 Tagen.[14] Man muss zusätzlich davon ausgehen, dass Beschäftigte mit einer psychischen Erkrankung bereits einige Zeit leistungseingeschränkt an den Arbeitsplatz kommen, bevor sie krankgeschrieben werden.

Aber auch Beschäftigte mit anderen Erkrankungen, insbesondere mit chronischen Erkrankungen, kommen noch zur Arbeit, wenn ihre Arbeitsfähigkeit deutlich eingeschränkt ist. Das hat unterschiedliche Gründe, z.B. die Loyalität gegenüber den Kollegen, Furcht vor Nachteilen bei der Karriereplanung aber auch häufig die Angst um den Arbeitsplatz.

Die Anwesenheit am Arbeitsplatz trotz Krankheit nennt man Präsentismus, der – um im Bild des Eisbergs zu bleiben – einen wesentlich größeren, nicht sichtbaren Anteil der Ursachen für nicht erbrachte Arbeitsleistung ausmacht. Die Produktivitätsverluste durch Präsentismus werden daher um ein Vielfaches höher eingeschätzt als durch Absentismus.[15] Der Unternehmer spürt dies anhand von Qualitätsmängeln, sinkender Motivation, einem Ansteigen der Fluktuation und in letzter Konsequenz einem Sinken der Produktivität. Aufgrund der erläuterten Fakten zu Absentismus und Präsentismus müssten Unternehmer er-

---

13 Vgl. DAK-Gesundheitsreport 2015, S. 14.
14 BKK Gesundheitsreport 2014.
15 Vgl. *Hemp*, 2004, S. 49–58.

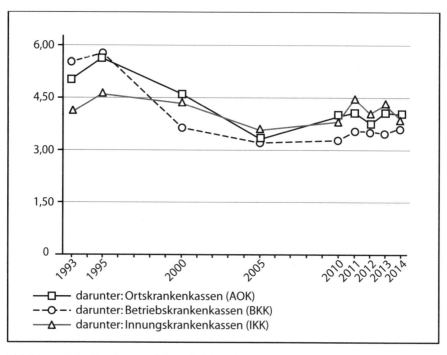

Abbildung 2-2: Krankenstand der Pflichtmitglieder der gesetzlichen Krankenkassen im Jahresdurchschnitt (in Prozent)[16]

kennen, dass Erhalt der Gesundheit und Leistungsfähigkeit ihrer Mitarbeiter höchste Priorität haben sollte.

Die Notwendigkeit, in die Mitarbeitergesundheit zu investieren, haben inzwischen viele Unternehmen erkannt. Es mangelt aber an der Umsetzung. Oft gibt es kein strukturiertes und auf die Bedürfnisse des Unternehmens abgestimmtes Konzept, sondern Einzelaktionen wie Gesundheitstage, deren Wirkung schnell verpufft, oder Rückenschulkurse, die von den gesundheitsbewussten Mitarbeitern im Unternehmen wahrgenommen werden, aber die Beschäftigten mit konkreten orthopädischen Problemen nicht erreichen. Was fehlt, ist die Verknüpfung der unternehmensspezifischen Erkenntnisse zur Mitarbeitergesundheit (z. B. Erkenntnisse aus der Gefährdungsbeurteilung oder aus Mitarbeiterbefragungen) mit geeigneten Maßnahmen zur Reduzierung von Gefährdungen oder Belastungen.

Nicht selten fürchtet das Management hohe Kosten für Maßnahmen, deren Nutzen sich nicht direkt nachweisen lässt. Die Mitarbeiter be-

---

16 Vgl. Gesundheitsberichterstattung des Bundes 01. 12. 2015.

fürchten Missbrauch persönlicher Daten zur Leistungsbewertung, Rationalisierung und Kündigung. Beide Parteien sind häufig noch der Meinung, Gesundheit sei ausschließlich „Privatsache". Dabei ist der Nutzen eines betrieblichen Gesundheitsmanagements (BGM) durch zahlreiche Studien gut nachgewiesen.[17] Die Initiative Gesundheit und Arbeit (IGA) hat 2006 einen Report über die Wirksamkeit und den Nutzen betrieblicher Gesundheitsförderung und Prävention veröffentlicht und dafür diverse Studien ausgewertet.[18] Die überwiegende Mehrheit der Studien bezog sich auf Maßnahmen der Verhaltensprävention. Aus der Analyse ließ sich unter anderem ableiten, dass sich insbesondere verhaltenspräventive Bewegungsprogramme gegen Rückenschmerzen, Raucherentwöhnungsprogramme, Stressmanagementansätze und Grippeschutzimpfungen als erfolgversprechend erwiesen. Die klassische Rückenschule (eine häufig angewendete Maßnahme im Bereich der betrieblichen Gesundheitsförderung) wurde allerdings für gesunde Personen als unwirksam eingestuft im Hinblick auf das Verhindern von Muskel-u. Skeletterkrankungen. Fazit der Studie war, dass „Maßnahmen der betrieblichen Gesundheitsförderung und Prävention einen wichtigen Beitrag zur Gesunderhaltung von Beschäftigten leisten. Mit ihrer Hilfe können Gesundheitsrisiken reduziert, Krankheitshäufigkeiten gesenkt sowie gesundheitsbewusste Verhaltensweisen gefördert werden. Außerdem können Krankheitskosten vermieden und krankheitsbedingte Fehlzeiten vom Arbeitsplatz verringert werden."

Trotz dieser Erkenntnisse ist BGM für zwei Drittel der kleinen und mittelgroßen Unternehmen in Deutschland nach wie vor kein Thema. Der Vorrang des Tagesgeschäfts sowie fehlende personelle und zeitliche Ressourcen sind die am häufigsten genannten Hinderungsgründe. Das geht aus dem iga-Report 20 „Motivation und Hemmnisse für Betriebliches Gesundheitsmanagement"[19] hervor.

Selbst in der Gruppe der Großunternehmen (Unternehmen mit mehr als 250 Beschäftigten) hat erst ein knappes Drittel ein betriebliches Gesundheitsmanagement (Prozesse und Strukturen, die dafür sorgen, dass die Arbeit gesundheitsfördernd gestaltet wird) etabliert und kümmert sich damit strukturiert um den Erhalt der Gesundheit und um die Motivation und Leistungsfähigkeit der eigenen Mitarbeiter. Ein weiteres Drittel ist gerade mit dem Aufbau eines Gesundheitsmanagements beschäftigt und hält derzeit zumindest in Ansätzen betriebliche Gesundheitskonzepte für die Belegschaft bereit. Diese Da-

---

17 Vgl. *Chapman, L.,* 2003.
18 Vgl. *Sockoll, I.; Kramer, I.; Bödeker, W.,* 2006.
19 Vgl. *Bechmann, S.; Jäckle, R.; Lück, P.; Herdegen, R.,* 2011, S. 18.

ten wurden im Jahr 2009 durch die EuPD Research mittels Befragung der 1.000 umsatzstärksten deutschen Firmen erhoben.[20] Die Unternehmen, die betriebliches Gesundheitsmanagement eingeführt haben, versprechen sich davon eine Steigerung der Produktivität, eine erhöhte Attraktivität bei der Werbung um neue Mitarbeiter und ein verbessertes Image ihrer Produkte/Dienstleistungen.[21]

Die folgenden Kapitel sollen die Bedenken gegen die Investition in BGM widerlegen und zeigen, dass es sich für Arbeitgeber und Arbeitnehmer lohnt, in ein strategisches, an konkreten Unternehmenszielen orientiertes BGM zu investieren. Die Ausführungen wenden sich in erster Linie an mittlere und große Unternehmen; aber auch für kleine Betriebe können gezielte Maßnahmen sinnvoll sein. Anregungen dazu, was kleine Betriebe machen können, um die Gesundheit und Leistungsfähigkeit ihrer Beschäftigten zu erhalten, werden im Kapitel 2.14 beschrieben.

2.2 Begriffserklärungen
BETRIEBLICHER ARBEITSSCHUTZ

Der betriebliche Arbeitsschutz hat in Deutschland eine lange Tradition.

Bereits 1884 wurde, initiiert von Bismarck, eine Versicherung der Arbeiter gegen Betriebsunfälle eingerichtet. Auf Grundlage des Arbeitssicherheitsgesetzes von 1973 bestehen in vielen Unternehmen Strukturen zur Unfallverhütung und zur Verhütung berufsbedingter Erkrankungen auf hohem Niveau. Mit Inkrafttreten des Arbeitsschutzgesetzes 1996 wurde der Arbeits- und Gesundheitsschutz wesentlich weiter gefasst. Der Arbeitgeber wurde verpflichtet, den Sicherheits- und Gesundheitsschutz der Beschäftigten bei der Arbeit sicherzustellen und zu verbessern (§ 1 Abs. 1 Satz 1 ArbSchG) und zwar mit Maßnahmen zur Verhütung von Unfällen bei der Arbeit, Maßnahmen zur Verhütung arbeitsbedingter Gesundheitsgefahren und Maßnahmen zur menschengerechten Gestaltung der Arbeit (§ 2 Abs. 1 ArbSchG).

Betriebe wurden aufgefordert, Gefährdungsbeurteilungen durchzuführen und dabei auch die psychischen Belastungen zu beurteilen. Im Juni 2013 wurde in einer Änderung des Arbeitsschutzgesetzes die Aufforderung zur Analyse der psychischen Belastungen konkretisiert:

---

20 Vgl. *EUPD Research*, 2010.
21 Vgl. *Hemp*, 2004, S. 49–58.

Zitat aus dem Arbeitsschutzgesetz:

„§ 4 Allgemeine Grundsätze

Der Arbeitgeber hat bei Maßnahmen des Arbeitsschutzes von folgenden allgemeinen Grundsätzen auszugehen:

1. Die Arbeit ist so zu gestalten, dass eine Gefährdung für das Leben sowie die physische und die psychische Gesundheit möglichst vermieden und die verbleibende Gefährdung möglichst gering gehalten wird;

§ 5 Beurteilung der Arbeitsbedingungen

(1) Der Arbeitgeber hat durch eine Beurteilung der für die Beschäftigten mit ihrer Arbeit verbundenen Gefährdung zu ermitteln, welche Maßnahmen des Arbeitsschutzes erforderlich sind.

(2) Der Arbeitgeber hat die Beurteilung je nach Art der Tätigkeiten vorzunehmen. Bei gleichartigen Arbeitsbedingungen ist die Beurteilung eines Arbeitsplatzes oder einer Tätigkeit ausreichend.

(3) Eine Gefährdung kann sich insbesondere ergeben durch

...

6. psychische Belastungen bei der Arbeit."[22]

GESUNDHEIT

Gesundheit ist weit mehr als „Abwesenheit von Krankheit". Bereits 1948 hat die WHO Gesundheit als Zustand vollständigen körperlichen, seelischen und sozialen Wohlbefindens definiert. Im Jahre 1986 wurde im Rahmen einer gesundheitspolitischen Tagung in Ottawa der Gesundheitsbegriff durch die WHO noch wesentlich weiter gefasst:

Zitat:

„Gesundheit wird von Menschen in ihrer alltäglichen Umwelt geschaffen und gelebt: Dort, wo sie spielen, lernen, arbeiten und lieben. Gesundheit entsteht dadurch, dass man sich um sich selbst und für andere sorgt, dass man in die Lage versetzt ist selber Entscheidungen zu fällen und eine Kontrolle über die eigenen Lebensumstände auszuüben, sowie dadurch, dass die Gesellschaft, in der man lebt, Bedingungen herstellt, die all ihren Bürgern Gesundheit ermöglichen." (Ottawa Charta, 1986)[23]

Damit wird der Begriff „Gesundheit" wesentlich weiter gefasst und beinhaltet den Einfluss der unterschiedlichen Lebenswelten (u.a. der Arbeitswelt) auf die Gestaltung von gesundheitsfördernden Bedingungen.

---

22 Vgl. *Bundesministerium für Justiz und Verbraucherschutz*, 2013.
23 Vgl. WHO, 1986.

Nach *Badura* ist Gesundheit die Fähigkeit zur Problemlösung und Gefühlsregulierung, durch die ein positives seelisches und körperliches Befinden – insbesondere ein positives Selbstwertgefühl – und ein unterstützendes Netzwerk sozialer Beziehungen erhalten oder wiederhergestellt wird[24].

PSYCHISCHE BELASTUNG UND PSYCHISCHE BEANSPRUCHUNG

Da die Begriffe „psychische Belastung" und „psychische Beanspruchung" im Zusammenhang mit Mitarbeitergesundheit eine zentrale Rolle einnehmen, sollen sie hier erklärt werden. Beide Begriffe werden in der Norm DIN EN ISO 10075 „Ergonomische Grundlagen bezüglich psychischer Arbeitsbelastung" beschrieben.

Psychische Belastung ist „die Gesamtheit aller erfassbaren Einflüsse, die von außen auf den Menschen zukommen und psychisch auf ihn einwirken." Psychische Beanspruchung ist die unmittelbare Auswirkung der psychischen Belastung im Individuum in Abhängigkeit von seinen jeweiligen überdauernden und augenblicklichen Voraussetzungen einschließlich der individuellen Bewältigungsstrategien.

PRÄVENTION

Unter Prävention im Kontext Gesundheit versteht man Maßnahmen, die das Eintreten einer Krankheit verhindern/verzögern sollen bzw. das Risiko des Eintretens einer Erkrankung reduzieren sollen. Damit setzt Prävention an der Krankheit und nicht an der Gesundheit an.

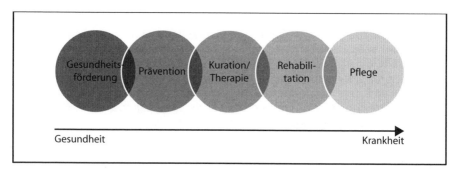

Abbildung 2-3: Zeitpunkt des Einsetzens von Interventionen

---

24 Vgl. *Badura/Ritter/Scherf*, 1999.

Der Amerikaner *Caplan* hat den Begriff Prävention bereits 1964 in Primär-, Sekundär- und Tertiärprävention eingeteilt.

Primärprävention

Primärprävention bedeutet eine allgemeine Krankheitsverhütung, bevor eine Krankheit aufgetreten ist. Die Maßnahmen der Primärprävention haben das Ziel, die Inzidenz (Anzahl der Neuerkrankungen) einer Krankheit zu verringern. Sie richten sich an keine spezifische Zielgruppe. Beispiel: Impfen

Sekundärprävention

Sekundärprävention bedeutet die Früherkennung von symptomlosen Krankheitsvor- und -frühstadien, mit dem Ziel, die Krankheit frühestmöglich zu diagnostizieren und im besten Falle zu heilen. Beispiel: Krebsvorsorgeuntersuchungen

Tertiärprävention

Tertiärprävention bedeutet die Verhütung von Erkrankungen und Behinderungen, mit dem Ziel, den Krankheitszustand durch Folgeerkrankungen oder Rückfälle nicht zu verschlechtern. Der Begriff Tertiärprävention überschneidet sich teilweise mit dem Begriff Rehabilitation. Beispiel: Vorbeugung von Rückfällen nach Herzinfarkt

Nach *Caplans* Klassifikation kann man die Präventionstypen einem konkreten Zeitpunkt zuordnen. Die primäre Prävention setzt demnach vor dem Eintreten einer Krankheit an, die sekundäre Prävention im frühen Stadium einer Krankheit und die tertiäre Prävention setzt nach der Behandlung der Krankheit an. Prävention hat zwei Stellschrauben, um Veränderungen zu erreichen: Verhaltens- und Verhältnisprävention

VERHALTENSPRÄVENTION

Die Verhaltensprävention soll das individuelle Risikoverhalten des Einzelnen beeinflussen. Informationen und Aufklärung soll dazu führen, dass die angesprochenen Personen motiviert werden, sich gesundheitsförderlich zu verhalten, also sich gesund zu ernähren, ausreichend zu bewegen oder mit dem Rauchen aufzuhören.

VERHÄLTNISPRÄVENTION

Verhältnisprävention bezieht sich auf das Umfeld des Einzelnen und versucht, mit technischen, organisatorischen, biologischen und sozialen Bedingungen die Arbeits- und Lebenswelt so zu gestalten, dass Gesundheitsgefahren vor einer Schädigung ausgeschaltet werden können.[25] Beispiel: Rauchverbot in öffentlichen Bereichen, ergonomische Gestaltung von Arbeitsplätzen

Beide Ansätze haben einen Einfluss auf die Leistungsfähigkeit von Beschäftigten.

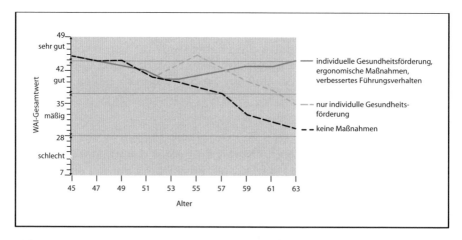

Abbildung 2-4: Idealtypische Darstellung der Entwicklung der Arbeitsfähigkeit ohne Präventionsmaßnahmen, mit Maßnahmen zur Verhaltensprävention und mit Maßnahmen zur Verhaltens- und Verhältnisprävention nach *Richenhagen*[26]

GESUNDHEITSFÖRDERUNG

Das Konzept der Gesundheitsförderung wurde von der WHO (World Health Organisation) entwickelt und 1986 in der bereits genannten Ottawa-Charta zusammengefasst.

Die Grundidee der Charta war, die Bevölkerung zu befähigen, mit ihrer Gesundheit selbstbestimmt umzugehen sowie die Lebenswelt gesundheitsfördernd zu gestalten. Ihr gesundheitspolitisches Leitbild ist die Umorientierung von der Verhütung von Krankheiten zur Förderung

---

25 Vgl. *Kirch, Wilhelm/Badura, B.*, (2006) und *Uhle*, 2013.
26 Vgl. *Richenhagen, G.*, 2007.

von Gesundheit. „Gesundheitsförderung schafft sichere, anregende, befriedigende und angenehme Arbeits- und Lebensbedingungen."[27]

Grundsätzlich sind in Deutschland die gesetzlichen Krankenkassen für Prävention und Gesundheitsförderung zuständig, geregelt im fünften Sozialgesetzbuch:

Zitat:

„§ 1 SGB V: Solidarität und Eigenverantwortung
Die Krankenversicherung als Solidargemeinschaft hat die Aufgabe, die Gesundheit der Versicherten zu erhalten, wiederherzustellen oder ihren Gesundheitszustand zu bessern. Das umfasst auch die Förderung der gesundheitlichen Eigenkompetenz und Eigenverantwortung der Versicherten. ..." Krankenkassen unterstützen sowohl individuelle Maßnahmen zur Gesundheitsförderung als auch gruppenspezifische Maßnahmen. Typische Themenfelder sind dabei gesunde Ernährung, Suchtprävention, Individuelle Bewegung und Stress Management. Mit dem Gesundheitsreformgesetz von 1988 wurden in Deutschland auch Maßnahmen zur betrieblichen Gesundheitsförderung in den Leistungskatalog der gesetzlichen Krankenkassen (GKV) aufgenommen im § 20a des Sozialgesetzbuchs V.

Zitat:

„§ 20a SGB V [Betriebliche Gesundheitsförderung]
Die Krankenkassen erbringen Leistungen zur Gesundheitsförderung in Betrieben (betriebliche Gesundheitsförderung), um unter Beteiligung der Versicherten und der Verantwortlichen für den Betrieb die gesundheitliche Situation einschließlich ihrer Risiken und Potentiale zu erheben und Vorschläge zur Verbesserung der gesundheitlichen Situation sowie zur Stärkung der gesundheitlichen Ressourcen und Fähigkeiten zu entwickeln und deren Umsetzung zu unterstützen."

Der „Leitfaden Prävention" des Spitzenverbands der GKV[28] definiert Anforderungen für Betriebe, die Maßnahmen zur Gesundheitsförderung, mitfinanziert durch die Krankenkasse, in Anspruch nehmen wollen. Eine wichtige Voraussetzung ist die erkennbare Eigeninitiative des Betriebs zum Thema. Inwieweit ein Betrieb die Voraussetzungen erfüllt, kann in einem Fragebogen zur Selbsteinschätzung festgestellt werden.[29]

---

27 *WHO*, 1986, S. 2.
28 Vgl. Leitfaden Prävention 2010, 2. korrigierte Fassung vom 10. November 2010, Herausgeber: *GKV-Spitzenverband*, www.gkv-spitzenverband.de.
29 Vgl. *Europäisches Netzwerk für betriebliche Gesundheitsförderung*, 1999.

Das Setting Betrieb bietet sich aus mehreren Gründen für Gesundheitsförderung an:

- Im betrieblichen Umfeld erreicht man auch Personen mit niedrigem sozioökonomischem Status, die von Angeboten zur Gesundheitsförderung aus ihrem privaten Lebensumfeld oft nicht erreicht werden.
- Die betriebsspezifischen Belastungen sind bekannt (z.B. durch die Erkenntnisse der arbeitsmedizinischen Vorsorge) oder können mittels Gefährdungsbeurteilung genau erfasst werden, so dass Maßnahmen zur Gesundheitsförderung ganz gezielt angeboten werden können.
- Es können sowohl personenbezogene Maßnahmen (z.B. Training zum richtigen Heben und Tragen) als auch arbeitsgestalterische Maßnahmen (z.B. ergonomische Veränderung eines Arbeitsplatzes) umgesetzt werden.

Im Gegensatz zum Arbeitsschutz, der durch konkrete gesetzliche Vorgaben wie Arbeitssicherheitsgesetz und Arbeitsschutzgesetz verbindlich geregelt ist, basiert die betriebliche Gesundheitsförderung auf einer freiwilligen Rechtsgrundlage im Sozialgesetzbuch V. Erfahrungsgemäß schöpfen Großunternehmen die Möglichkeiten der Krankenkassen, Maßnahmen zur Gesundheitsförderung mitzufinanzieren, wesentlich häufiger aus als kleine und mittelständische Unternehmen. Dabei würden gerade kleinere Unternehmen von dem Angebot profitieren, da dort in der Regel weder fachliches Knowhow noch wesentliche personelle und finanzielle Ressourcen für Gesundheitsförderung vorhanden sind. Im Kapitel 2.14 und im Kapitel 3 „Führung und Gesundheit" wird erläutert, wie kleine Betriebe diese Hilfestellungen nutzen können.

Eher kritisch zu sehen sind Einzelmaßnahmen wie Gesundheitstage, die wegen des überschaubaren Aufwands für Betriebe attraktiv erscheinen. In der Regel erreicht man damit allein keinen nachhaltigen Effekt. Die Autorin hat im Rahmen ihrer betriebsärztlichen Tätigkeit über mehrere Jahre verfolgen können, wie in einem Zeitraum von 5 Jahren in einer Stadtverwaltung jährlich Gesundheitstage veranstaltet wurden mit immer wieder neuen Themen und viel Engagement der organisierenden Personen. Dazwischen war das Thema Gesundheit nicht präsent. Die Resonanz der Beschäftigten war von Jahr zu Jahr rückläufig bei gleichzeitiger steigender Erwartungshaltung bezüglich des Unterhaltungswerts der Veranstaltung.

2.3 Betriebliches Gesundheitsmanagement (BGM)

Unter BGM ist die Entwicklung betrieblicher Strukturen und Prozesse zu verstehen, die die gesundheitsförderliche Gestaltung von Arbeit und Organisation sowie die Befähigung zum gesundheitsfördernden Verhalten der Mitarbeiterinnen und Mitarbeiter zum Ziel haben.[30] Betriebliches Gesundheitsmanagement umfasst sowohl den klassischen Arbeits- und Gesundheitsschutz als auch die Gesundheitsförderung, aber auch Bereiche wie Personalpflege und -entwicklung sowie das Wiedereingliederungsmanagement (siehe Kapitel 4). Letztendlich sorgt BGM dafür, dass alle Strukturen und Prozesse im Unternehmen so gestaltet sind, dass sie die Gesundheit der Mitarbeiter fördern.

Je nach Unternehmen kann ein betriebliches Gesundheitsmanagement sehr unterschiedlich ausgestaltet sein. Zum Mindeststandard eines BGM gehört eine klare Strategie mit Zielen, die Bereitstellung von Ressourcen, die Festlegung personeller Verantwortlichkeiten, die Einrichtung eines Steuerkreises, die Qualifizierung von Experten und Führungskräften und die Beteiligung der Mitarbeiter. Diese einzelnen Aspekte werden im Folgenden entwickelt. Hierzu werden in einem ersten Schritt zum besseren Verständnis zwei Modelle erläutert, die die theoretische Grundlage für ein BGM bilden.

Oft scheitert ein nachhaltiges/wirkungsvolles BGM am fehlenden strategischen Vorgehen, an ungeklärten Zuständigkeiten und an der fehlenden Beteiligung von Führungskräften.

2.4 Theoretische Grundlagen für betriebliches Gesundheitsmanagement

DAS MODELL DER SALUTOGENESE VON ANTONOVSKY

Der Begriff Salutogenese (aus: salus [= Heil, Gesundheit] und genese [= Entstehung]) bedeutet so viel wie Gesundheitsentstehung oder die Ursprünge von Gesundheit und wurde vom israelisch-amerikanischen Medizinsoziologen *Aaron Antonovsky* (1923–1994) in den 1970er Jahren entwickelt. Nach dem Salutogenese-Modell ist Gesundheit kein Zustand, sondern muss als Lebensphasen überdauernder Prozess verstanden werden.

Antonovsky fragte sich, warum manche Menschen trotz widriger Umstände gesund sind und fand folgende Einflussgrößen, die sich auf das „Gesundheitsverhalten" einer Person auswirken:

---

30 Vgl. *Badura/Walter/Hehlmann*, 2010.

– ihr soziokultureller und historischer Hintergrund, aus dem sich ihre generalisierten Widerstandsreserven (Generalized Resistance Resources) entwickeln,

– ihre psychosoziale generalisierte Widerstandsfähigkeit (z.B. Intelligenz, Bewältigungsstrategie, soziale Unterstützung und Religion),

– ihre Lebenserfahrung,

– das endogene und exogene Potential an Stressoren (Stressoren sind Anforderungen, für die das Individuum noch keinen direkt verfügbaren Lösungsansatz hat).

Nach *Antonovsky* tragen zudem sinnhafte, verstehbare und handhabbare Arbeitsbedingungen wesentlich zur Gesunderhaltung und Lebensqualität bei. Diese drei wesentlichen Faktoren fasst er in seinem Konzept des Kohärenzgefühls zusammen.

Unter Handhabbarkeit versteht er beispielsweise das Ausmaß der Gestaltungsmöglichkeiten des Einzelnen auf seinen Arbeitsplatz, z.B. in Bezug auf Entscheidungsspielraum, zeitliche Spielräume, Kooperationsmöglichkeiten und soziale Unterstützung.

Moderne Definitionen von Gesundheit greifen den salutogenen Ansatz von *Antonovsky* auf und beschreiben Gesundheit als Konstrukt mit mehreren Dimensionen[31]:

– körperliches Wohlbefinden (z.B. positives Körpergefühl, Fehlen von Krankheitsanzeichen und organischen Beschwerden),

– psychisches Wohlbefinden (z.B. Freude, Glück, Lebenszufriedenheit),

– Leistungsfähigkeit und Erfüllung von Rollenerwartungen, Selbstverwirklichung und Sinnfindung.

Das Modell der Salutogenese aufgreifend, ist Gesundheit kein Zustand, sondern ein ganzheitlicher Prozess, in dem die Gesundheit durch die Handhabung von Anforderungen und das Vorhandensein und die Pflege schützender Ressourcen entscheidend beeinflusst wird.

Die Gesundheit des Individuums ist aber nicht nur von seinen persönlichen Fähigkeiten zur Problemlösung, Handlung und Gefühlsregulierung abhängig. Auch die Verhältnisse, unter denen Menschen leben und arbeiten und das subjektive Erleben und Verarbeiten der Lebensverhältnisse beeinflusst die Gesundheit.[32]

---

31 Vgl. *Frischenschlager*, 1996, S. 23–30.
32 Vgl. *Bullinger/Braun*, 2006, S. 12–18.

Zusammenfassend hat der Begriff Gesundheit mehrere Dimensionen, die sowohl von Eigenschaften der Person als auch von Faktoren des Lebensumfeldes beeinflusst werden. Diese Einflussgrößen können sich sowohl negativ als auch positiv auf die Gesundheit des Einzelnen auswirken.

DAS PERSON-SITUATIONS-ORGANISATIONS (P-S-O)-MODELL

Das P-S-O-Modell von *Kastner*[33] ist ein Rahmenkonzept zur Erfassung von Verhalten von Menschen in Organisationen, insbesondere zur inhaltlichen Erfassung von Leistung und Gesundheit. Das Modell stellt die Vielfalt möglicher Stressoren und Ressourcen für das Individuum dar und berücksichtigt die Interaktionen zwischen persönlichen, situativen und organisationsbezogenen Faktoren. Dabei werden die Faktoren P(erson), S(ituation) und O(rganisation) nicht isoliert betrachtet, sondern über ihre Interaktion in einem Schnittmengenmodell beschrieben.

Möchte man Leistungs- und Gesundheitsverhalten positiv verändern, sind die Faktoren P, S und O die „Stellschrauben". Die Zerlegung der Einflussgrößen in verschiedene Komponenten hat den Vorteil, dass die Auswirkungen präventiver Maßnahmen besser erfasst werden können.

Kastner definiert Leistungs- und Gesundheitsmanagement als systemisches, systematisches und effizientes Handhaben konkreter präventiver und interventiver Aktivitäten in Bezug auf die der Faktoren P, S und O, so dass langfristig Leistungs- und Gesundheitsverhalten optimiert werden. Kosten und Nutzen stehen dabei in einem „gesunden" Verhältnis zueinander[34].

Aus dem Modell von *Antonovsky* lässt sich ableiten, wie Arbeit gestaltet sein muss, damit sie gesunderhaltend wirkt, nämlich sinnhaft, verstehbar und handhabbar. Das P-S-O-Modell von *Kastner* stellt dar, an welchen „Stellschrauben" gedreht werden kann, um Leistung und Gesundheit zu beeinflussen und wie verzahnt die Stellschrauben Person, Situation und Organisation sind. Beide Modelle zeigen, dass die Führungskräfte großen Einfluss auf die Gesundheit ihrer Mitarbeiter haben, denn sie gestalten die Arbeitsbedingungen und sind für die „Situation" und die „Organisation" verantwortlich (siehe Kapitel 3.4).

---

33 Vgl. *Kastner*, 1998.
34 Vgl. *Kastner*, 2010, S. 82–134.

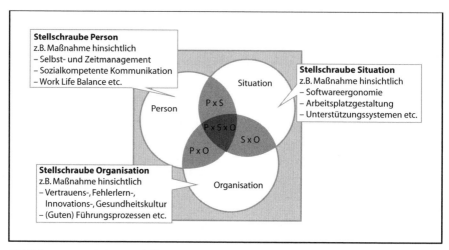

Abbildung 2-5: P-S-O-Modell nach *Kastner* (1998, 2010)

Damit Führungskräfte Arbeitsbedingungen und Arbeitsprozesse so gestalten können, dass sie Leistung und Gesundheit positiv beeinflussen, braucht man ein gut geplantes und strukturiertes BGM mit einer Strategie, konkreten Zielen und der Bereitstellung von Ressourcen zur Umsetzung.

2.5 Architektur eines BGM

Für eine Organisation steht die Gesundheit ihrer Mitarbeiter zunächst nicht im Fokus. Erst durch den Zusammenhang des wirtschaftlichen Erfolgs eines Unternehmens mit der Leistungsfähigkeit (und damit auch Gesundheit) seiner Mitarbeiter wird das Thema „Gesundheit der Mitarbeiter" für das Management interessant.

Es gibt nachvollziehbare betriebswirtschaftliche Gründe für ein Unternehmen, in betriebliches Gesundheitsmanagement zu investieren[35]:

1. Gesundheitlich eingeschränkte Mitarbeiter sind weniger leistungsfähig. In der Regel leidet bei gesundheitlichen Einschränkungen nicht nur die Qualität des Arbeitsergebnisses, auch Arbeitssicherheit und Motivation werden negativ beeinflusst.

2. Maßnahmen zur Prävention im Setting Betrieb erreichen viele Beschäftigte. Risikofaktoren wie Rauchen, ungesunde Ernährung und Bewegungsmangel können thematisiert werden, bevor Leistungseinbußen wegen chronischer Krankheiten bestehen. So gibt es gute

---

35 Vgl. *Schmidt, B.*, 9/2014.

Praxisbeispiele zur Gesundheitsförderung bei Lehrlingen in Handwerksberufen.

3. Maßnahmen zur Prävention sind kostengünstiger als Behandlung von chronischen Krankheiten. Investiert ein Betrieb in ergonomische Arbeitsplatzgestaltung und Anleitung zum richtigen Heben und Tragen, so reduziert er die Kosten, die durch reduzierte Einsatzfähigkeit und Fehlzeiten wegen Rückenschmerzen entstehen.

Beim Aufbau eines betrieblichen Gesundheitsmanagements bietet es sich an, dem Grundsatz „Strategie vor Prozess vor Struktur" zu folgen (*Kastner*, 2010 in Anlehnung an „Structure follows strategy", *Chandler*, 1962). Diese Begriffe sind bekannt aus der Managementlehre, und Unternehmen, die bereits über eingeführte Managementsysteme (z.B. ISO 9001 oder 18001) verfügen, haben die Möglichkeit, ein betriebliches Gesundheitsmanagement in das vorhandene Managementsystem zu integrieren. Vorhandene Werkzeuge und Dokumentenlenkung können 1:1 übernommen werden.

DIN SPEC 91020 (Betriebliches Gesundheitsmanagement)

Im Juli 2012 wurde eine DIN SPEC (Spezifikation einer Norm) mit dem Titel Betriebliches Gesundheitsmanagement veröffentlicht. Darin festgelegt sind Anforderungen an ein BGM. Sie entspricht in vielen Punkten der ISO 9001-2008, zusätzlich aufgenommen wurden die Themen Führungsverhalten und Mitarbeiterorientierung.

Ob die Zertifizierung eines BGM einen Mehrwert hat, sollte letztendlich jeder Unternehmer selbst entscheiden. Nicht zu unterschätzen ist der Aufwand für Dokumentation und jährliche Audits.

STRATEGIE

Die Einführung eines BGM beginnt damit, die Gesundheit – und mithin die Leistungsfähigkeit – der Mitarbeiter als strategisches Ziel zu formulieren. Das bedeutet, dass Unternehmensführung und Führungskräfte neben ihren wirtschaftlichen Zielen auch dieses Ziel verfolgen. Im optimalen Fall wird das strategische Ziel „Gesundheit der Mitarbeiter" in die Zielvereinbarungen der Führungskräfte mit aufgenommen, so wie man es in vielen Unternehmen bereits im Bereich der Arbeitssicherheit, z.B. mit den Unfallkennzahlen, kennt. Betrachtet man BGM als ein Gebäude mit Fundament, Säulen und Dach, dann ist das Dach des Hauses die Strategie.

63

Hier ein Beispiel für die BGM-Strategie einer Bank:

– Das Unternehmen will die Leistungsfähigkeit und Leistungsbereitschaft seiner Mitarbeiter in dem sich ändernden Arbeitsumfeld erhalten und steigern.

– Das Unternehmen will durch betriebliche Prävention Arbeit konsequent so gestalten, dass sie nicht krank macht („Bank aus Verantwortung").

– Die Mitarbeiter des Unternehmens sollen in der Lage sein und soweit möglich Gestaltungsspielraum haben, Veränderungen und zukünftige Herausforderungen des Unternehmens zu bewältigen.

– Das Unternehmen will auch in Zukunft ein attraktiver Arbeitgeber sein, der unter den Rahmenbedingungen des Nachwuchsmangels ausreichend geeignete Bewerber findet und binden kann („interne Nachhaltigkeitsstrategie").

PROZESSE

Die Säulen des Hauses stellen die für das Erreichen der Strategie notwendigen Prozesse (siehe Abbildung 2-6) dar. Die können auf der Ebene der Arbeitsprozesse, der Führungsprozesse aber auch der Mitarbeitergesundheit formuliert werden. Um die Mitarbeiter gesund und leistungsfähig zu erhalten, kann es notwendig sein, Arbeitsprozesse zu verbessern (z.B. Zuständigkeiten oder Abläufe zu klar zu definieren). Die Umsetzung einer gesundheitsfördernden und wertschätzenden Führung spielt auf der Ebene der Führungsprozesse eine entscheidende Rolle (siehe Kapitel 3.4). Auf der Ebene der Mitarbeitergesundheit können leistungs- und gesundheitsfördernde Maßnahmen zur Zielerreichung sinnvoll sein, z.B. das Angebot von Kursen zum Stressmanagement oder von aktiven Pausen.

STRUKTUR

Das Fundament des Hauses sind die für die Prozesse notwendigen Strukturen, also Infrastruktur, Personalstruktur, Finanzstruktur und die Organisationskultur. Umgekehrt zum Hausbau wird zuerst die Strategie, das Ziel („Dach des Hauses") festgelegt, weil die notwendigen Prozesse zur Zielerreichung (Prozesse zur Arbeitsoptimierung, zur Verbesserung der Führung, leistungs- und gesundheitsfördernde Maßnahmen) je nach Zielsetzung unterschiedlich sein können, siehe Abbildung 2-6.

Das Fundament, nämlich die notwendige Personal- und Infrastruktur, hängt wiederum von den geplanten Maßnahmen ab und kann daher erst im dritten Schritt festgelegt werden.

Zur Struktur eines BGM gehört immer ein Gremium zur Steuerung und Koordination der Gesundheitsziele, der Steuerkreis Gesundheit oder Arbeitskreis Gesundheit. Die Entscheidung über die Zusammensetzung trifft der Unternehmer. Diese sollte gut überlegt sein und die Strukturen/Akteure im Unternehmen berücksichtigen, die im Themenfeld Gesundheit agieren.

Die Teilnehmer des Steuerkreises Gesundheit sind:

– Vertreter der Geschäftsführung (z.B. Personalleitung)
– Betriebsarzt
– Sicherheitsfachkraft
– Mitarbeitervertretung
– Betriebspsychologe/Sozialberatung (falls vorhanden)
– Weitere Teilnehmer können bei Bedarf hinzugezogen werden, z.B. Schwerbehindertenvertreter, Gleichstellungsbeauftragte, Krankenkasse, Arbeitsschutzbehörde.

Der Steuerkreis sollte über Entscheidungskompetenzen für die Umsetzung von BGM-Maßnahmen verfügen und ein finanzielles Budget haben. Davon abzugrenzen ist der Arbeitsschutzausschuss, den das Arbeitssicherheitsgesetz bei Betrieben mit mehr als 20 Beschäftigten fordert. Der Arbeitsschutzausschuss berät über Anliegen des Arbeitsschutzes und der Unfallverhütung. Teilnehmer und Häufigkeit des Zusammentretens sind gesetzlich geregelt. Die Arbeit des Arbeitsschutzausschusses und die des Steuerkreises Gesundheit sollten aufeinander abgestimmt werden. In kleinen Betrieben kann der Arbeitsschutzausschuss die Aufgabe des Steuerkreises Gesundheit mit übernehmen.

Von diesen beiden Arbeitskreisen abzugrenzen sind Gesundheitszirkel. Gesundheitszirkel sind optionale Strukturen eines BGM; Gesundheitszirkel setzen sich aus Mitarbeitern unterschiedlicher Abteilungen und Hierarchieebenen zusammen. Die Mitglieder treffen sich über einen befristeten Zeitraum regelmäßig. Unterstützt durch einen Moderator erarbeiten sie Lösungsvorschläge für die Reduzierung/Vermeidung von gesundheitlichen Belastungen durch den Arbeitsplatz.

Zirkelarbeit ist gerade in großen Unternehmen bereits seit den 80er Jahren etabliert und dient vorrangig der Qualitätsverbesserung. Dabei wird die Expertise der Mitarbeiter genutzt, um Prozesse z.B. in der Produktion zu optimieren, denn die Beschäftigten sind die Experten für ihre Arbeitssituation und wissen in der Regel sehr genau, wo Verbesserungen ansetzen müssen. In Gesundheitszirkeln überträgt man die bewährten Strukturen der Qualitätszirkel aus den Managementsystemen auf das System „Unternehmensgesundheit" und bezieht die Mitarbeiter aktiv in die Planung und Umsetzung von geeigneten betrieblichen Maßnahmen zur Gesundheitsförderung ein. Auch hier wird wieder deutlich, wie ein BGM vorhandene Strukturen der Zusammenarbeit nutzen kann.

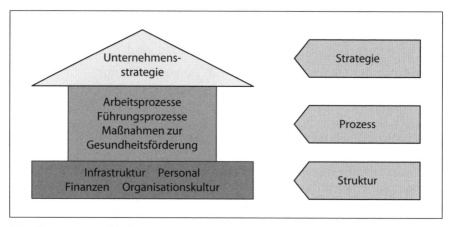

Abbildung 2-6: Architektur eines BGM nach *Kastner*

2.6 Ziele des betrieblichen Gesundheitsmanagements

Ein erfolgreiches BGM trägt mit zum Erreichen der wirtschaftlichen Ziele eines Unternehmens bei. Damit orientieren sich die Ziele im BGM an den strategischen Unternehmenszielen.

– Typische Ziele eines BGM können sein:
– Senken der Fluktuation
– Reduzierung der Fehlzeiten/des Präsentismus
– Reduzierung der Arbeitsunfälle
– Steigerung der Produktivität
– Steigerung der Qualität
– Steigerung der Mitarbeiterzufriedenheit
– Verbesserung des Betriebsklimas
– Verbesserung der Identifikation mit dem Unternehmen
– Steigerung der Motivation
– Veränderung der Unternehmenskultur.

Während sich der Status quo zu Fluktuation, Fehlzeiten, Arbeitsunfällen, Produktivität und Qualität aus den im Unternehmen vorhandenen

Daten der Bereiche Arbeitsschutz, Personalabteilung und Controlling beurteilen lässt, lassen sich die weichen Faktoren wie Mitarbeiterzufriedenheit, Betriebsklima, Identifikation und Motivation nicht aus vorhandenen Daten erheben. Um diese Faktoren zu beurteilen, braucht man spezielle Messinstrumente, z.B. regelmäßige Mitarbeiterbefragungen.

Auch BGM-Ziele sollten „smart" sein (spezifisch, messbar, akzeptiert, realistisch und terminiert).

Das bedeutet im Einzelnen:

Spezifisch: Formulieren Sie genau, was Sie erreichen wollen, z.B. „Um unsere Produktivität und Wettbewerbsfähigkeit zu erhalten, wollen wir den Ausbildungsstand der Mitarbeiter der Abteilungen A, B und C bezüglich des Themas x für alle auf das Mindestlevel y bringen."

Messbar: Definieren Sie, mit welchen Parametern Sie die Zielerreichung messen wollen.

Bezogen auf das Beispiel: wie viele Mitarbeiter der Abteilungen A, B und C müssen welche Schulungen absolvieren? Welche finanziellen Ressourcen sind dafür erforderlich?

Akzeptiert: Vorgesetzte und Mitarbeiter akzeptieren das Ziel.

Bezogen auf das Beispiel: Die Vorgesetzten sind bereit, x Mitarbeiter zu Schulungen zu schicken, die Mitarbeiter nehmen an den Schulungen teil.

Realistisch: das Ziel ist mit den vorhandenen Kapazitäten und in der dafür vorgesehenen Zeit zu erreichen.

Im Beispiel: die Abteilung ist so besetzt, dass die ausgewählten Mitarbeiter an den Schulungen teilnehmen können; das Schulungsangebot ist inhaltlich passend und von der Kapazität ausreichend. Das Budget für die Schulungskosten steht für den geplanten Zeitraum zur Verfügung.

Terminiert: es wird klar festgelegt, bis wann das Ziel oder ggf. Zwischenziele erreicht werden sollen. Im Beispiel: Die Schulungsmaßnahmen sollen bis zum Zeitpunkt x abgeschlossen sein.

2.7 Erfolgsfaktoren für ein betriebliches Gesundheitsmanagement
DIE ROLLE DER FÜHRUNGSKRÄFTE

Führungskräfte haben großen Einfluss auf die Arbeits- und Leistungsfähigkeit ihrer Mitarbeiter. Das geht unter anderem aus dem P-S-O-Modell von *Kastner* hervor. Vielen ist dieser Einfluss aber nicht bewusst. Damit ein BGM erfolgreich wird, ist in der Phase der Implementierung die Information und Sensibilisierung der Führungskräfte zu dem Thema ein wichtiger Schritt. Führungskräfte sollen erkennen, dass sie von gesundheitsfördernder Führung profitieren. Ausführlich wird im Kapitel 3 „Führung und Gesundheit" auf dieses Thema eingegangen. Gesundheitsfördernde Führung hat zwei Ansätze, nämlich die Gesundheit der Führungskraft und die Gesundheit seiner Mitarbeiter.

DIE GESUNDHEIT DER FÜHRUNGSKRAFT

Die Führungskraft soll erkennen, dass die eigene Gesundheit wichtig ist für ihre Leistungsfähigkeit und wie sie sich in den Ebenen Person, Organisation und Situation beeinflussen lässt. Bezogen auf die Ebene Person heißt das z.B.: eine Führungskraft ist nur dann auf Dauer leistungsfähig, wenn ihre work-life balance ausgewogen ist

Wenn die Führungskraft erkennt, wie wichtig die eigene Gesundheit und Leistungsfähigkeit für den beruflichen Erfolg ist, welche Faktoren die Gesundheit beeinflussen und mit welchen Maßnahmen man selbst darauf Einfluss nehmen kann, dann kann sie auch den Zusammenhang zwischen der Gesundheit der Mitarbeiter und dem Erfolg des Teams herstellen und sie ist bereit, bei der gesundheitsfördernden Gestaltung der Arbeit mitzuwirken.

DIE GESUNDHEIT DER MITARBEITER

Meistens beschäftigen sich Vorgesetzte mit dem Thema Gesundheit erst dann, wenn Mitarbeiter immer wieder oder lange krank sind und gesundheitliche Einschränkungen haben. In diesem Kontext ist das Thema oft konfliktbehaftet, weil die anwesenden Mitarbeiter Mehrarbeit für die arbeitsunfähigen leisten müssen, weil der Vorgesetzte zusätzlichen Aufwand mit Organisation von Ersatzressourcen und/oder Kompetenzen hat und weil Mitarbeiter mit gesundheitlichen Einschränkungen nicht mehr für alle Aufgaben einzusetzen sind. Die Führungskraft konzentriert sich damit zwangsläufig auf die Defizite seines Teams. Die Führungskraft nimmt das Thema Gesundheit als „Achillesferse" für sich und ihr Team wahr.

Die Gesundheit der anwesenden Mitarbeiter (die ja die Mehrheit des Teams darstellen), wird als selbstverständlich vorausgesetzt und zu wenig als wertvolle Ressource des Teams wahrgenommen. Ein Aspekt von gesundheitsfördernder Führung ist, den Mitarbeitern, insbesondere den Leistungsträgern Anerkennung und Wertschätzung zu vermitteln, damit sie auf Dauer gesund und leistungsfähig bleiben.

In der INQA-Studie „Was ist gute Arbeit?"[36] wurden Arbeitnehmer befragt, was für sie Kriterien „guter Arbeit" sind. Für knapp 70 % sind die Führungsqualitäten Ihrer direkten Vorgesetzten ein sehr wichtiges Kriterium für gute Arbeit. Sie wollen von den Vorgesetzten in erster Linie „als Menschen wahrgenommen und geachtet – und nicht lediglich als Arbeitskraft betrachtet werden". Aber nur etwas über 50 % der Befragten bescheinigten ihrem Vorgesetzten einen respektvollen und wertschätzenden Führungsstil.

Wertschätzung auf der Mitarbeiterebene bedeutet beispielsweise, dass Mitarbeiter bei Entscheidungen, die sie betreffen, mit einbezogen werden, dass die Mitarbeiter Feedback bekommen zu ihrer Arbeit und dass Entscheidungen transparent kommuniziert werden. Auch die Möglichkeit zur Weiterbildung oder Maßnahmen zur persönlichen Entwicklung eines Mitarbeiters gehören dazu. Alle genannten Punkte sind Handlungsfelder der Führungskräfte.

– Vorbildfunktion der Führungskraft

Führungskräfte haben für ihre Mitarbeiter Vorbildfunktion, auch für das Thema Gesundheit. Eine Führungskraft wirkt durch ihr Verhalten, egal ob sie das will oder nicht. Mit der eigenen Gesundheit gehen Führungskräfte nicht selten nachlässig um, z.B. wenn sie mit Krankheitssymptomen zur Arbeit kommen, obwohl sie eigentlich ihren Infekt zu Hause auskurieren müssten. Gesundheitliche Einschränkungen werden zwar als lästig empfunden, ein aktives gesundheitsförderndes Verhalten findet aber aus unterschiedlichen Gründen nicht statt. Verzichtet eine Führungskraft z.B. regelmäßig auf die Mittagspause, weil „noch schnell etwas fertig werden muss", findet das nicht selten bei Mitarbeitern Nachahmer. Schreibt der Vorgesetzte freitags nach Arbeitsende Mails an seine Mitarbeiter und erwartet bis Montag eine Antwort, nötigt er seine Mitarbeiter, in ihrer Freizeit zu arbeiten. Die Wirkung ihres Verhaltens auf die Mitarbeiter ist Führungskräften oft nicht bewusst. Gesundheitsfördernde Führung fängt daher bei der Führungskraft an, sie muss erkennen, was sie mit ihrem Verhalten bewirkt.

---

36 Vgl. INQA, 2008.

KLARE ZIELSETZUNG

Nur wenn man ein klares und messbares Ziel für einen BGM-Prozess definiert (z. B. Senken der Fluktuation) und durch Messen der dazugehörigen Kennzahlen die Zielerreichung prüft, kann man den Effekt von BGM-Maßnahmen überprüfen. Sowohl für die Analyse als auch für Planung und Umsetzung von Maßnahmen sind personelle und finanzielle Ressourcen erforderlich. Wenn diese nicht zur Verfügung stehen oder kein Verantwortlicher für den Prozess definiert wurde, wird BGM scheitern.

BETEILIGUNG DER MITARBEITER

Die Mitarbeiter spielen bei der Umsetzung eines BGM eine zentrale Rolle. Sie kennen ihre Arbeitssituation so gut wie kein anderer und können damit am ehesten einschätzen, ob und welche arbeitsplatzbezogenen Probleme vorliegen. Es macht daher Sinn, sie von Anfang an mit einzubeziehen, angefangen bei der Analyse des Ist-Zustands über die Entwicklung und Umsetzung von geeigneten Maßnahmen bis hin zur Bewertung.

Die Beteiligung der Mitarbeiter führt zum einen dazu, dass man ihre Expertise über die Arbeitsbedingungen für die Analyse nutzt und zum anderen, dass Veränderungen zur Verbesserung der Arbeitsbedingen, da mitgestaltet, auch besser akzeptiert werden. Gelingt dieses „Zusammenarbeiten auf Augenhöhe", kann man Unternehmenskultur hin zu einer Kultur des Vertrauens verändern. Umfassende und transparente Kommunikation aller Schritte ist in diesem Zusammenhang das A und O einer erfolgreichen Umsetzung. Eine Möglichkeit, diese Expertise der Mitarbeiter zu nutzen, sind die o. g. Gesundheitszirkel.

VERNETZUNG DER AKTEURE

Die im Kapitel 2.8 im Einzelnen beschriebenen Akteure im BGM bringen unterschiedliche Kompetenzen und Perspektiven ein. Das Unternehmen profitiert von der Summe der Kompetenzen. Die Ziele der Akteure sind unterschiedlich, insbesondere die externen Akteure können von wirtschaftlichen Interessen geleitet sein, ihr Thema möglichst umfassend zu platzieren. Wichtig für die Umsetzung der formulierten Gesundheitsstrategie ist die Vernetzung der beteiligten Akteure.

SCHLUSSFOLGERUNG

■ BGM ist Führungsaufgabe.

■ BGM braucht eine klare inhaltliche Zielsetzung, klare Zuständig-keiten, Bereitstellung personeller und finanzieller Ressourcen und regelmäßige Erfolgskontrolle.

■ BGM funktioniert nur, wenn die Mitarbeiter beteiligt werden.

■ Die Vernetzung der Akteure im BGM ist für den Erfolg des BGM wichtig.

2.8 Die Akteure im BGM

Bei der Einführung und Umsetzung von BGM sind diverse Akteure beteiligt, die in diesem Kapitel kurz beschrieben werden.

UNTERNEHMENSLEITUNG

Die Unternehmensführung formuliert strategische Gesundheitsziele. Sie lässt sich bezüglich geeigneter Instrumente zur Analyse, zur Inter-pretation und zu Maßnahmen, die der Erreichung der formulierten Ziele dienen, von fachlichen Experten beraten. Sie beteiligt die Mit-arbeiter durch Information und frühzeitige Einbindung ihrer Interes-sensvertreter Betriebsrat/Personalrat und ggf. Gleichstellungsbeauf-tragte. Sie stellt die notwendigen Ressourcen zur Verfügung.

BETRIEBSARZT

Er berät den Arbeitgeber in Sachen der Arbeitsplatzgestaltung, Ar-beitsplatzergonomie, zu Fragen, an welchen Arbeitsplätzen und unter welchen Arbeitsbedingungen leistungseingeschränkte Mitarbeiter eingesetzt werden können. Zusammen mit der Fachkraft für Arbeits-sicherheit beurteilt er die Arbeitsplätze bezüglich Gefährdungen und Belastungen. Im Rahmen der arbeitsmedizinischen Vorsorge und der individuellen Beratung der Beschäftigten erhält er Kenntnis über ar-beitsplatzbezogene, aber auch individuelle gesundheitliche Probleme. Diese Erkenntnisse geben u.a. Anhaltspunkte, wo Maßnahmen zur Gesundheitsförderung ansetzen können.

SICHERHEITSFACHKRAFT

Sie berät den Arbeitgeber in allen Fragen der Sicherheit und Gesund-heit der Beschäftigten. Sie unterstützt den Unternehmer bei der Gestaltung und dem Erhalt sicherer, gesundheits- und menschengerechter Arbeitssysteme. Zusammen mit dem Betriebsarzt beurteilt sie die Arbeitsplätze bezüglich Gefährdungen und schlägt Maßnahmen vor, erkannte Gefährdungen zu reduzieren.

ORGANISATIONSPSYCHOLOGE

Die Rolle von Arbeits- und Organisationspsychologen in Bezug auf Leistung und Gesundheit kann in dem bereits genannten PSO-Konzept definiert werden. Ihre Expertise und Aufgabe ist es, die Strategien, Prozesse und Strukturen einer Organisation in Bezug auf die Interaktionen zwischen Person, Situation und Organisation zu analysieren, zu interpretieren und hinsichtlich Gesundheit und Leistung zu optimieren. Dazu gehören die Organisationsentwicklung, Beratung und Unterstützung der Geschäftsführung und Linienführungskräfte sowie Gestaltung von Kompetenz- und Fähigkeitsaufbau innerhalb des Betriebs. Psychologen sind in der Lage, psychische Belastungen und Beanspruchungen im Betrieb zu messen und geeignete Maßnahmen zur Reduzierung daraus abzuleiten. Dabei arbeiten sie eng mit Betriebsarzt und Fachkraft für Arbeitssicherheit zusammen. Als Experten beraten sie den Arbeitgeber zur Gestaltung von Arbeit. Im betrieblichen Gesundheitsmanagement ist der Organisationspsychologe der geeignete Partner zur Bearbeitung von Konfliktthemen bis hin zum Coaching von Mitarbeitern. Auch wenn deren Expertise nicht die Therapie von psychischen Erkrankungen umfasst wie bei einem klinischem Psychologen, sind sie in der Lage, Verdachtsfälle (z.B. Burnout) zu identifizieren und an die klinischen Kollegen weiterzuleiten. Somit können Organisationspsychologen sowohl eine wertvolle professionelle Unterstützung bei betrieblichen Umstrukturierungsprozessen, wie auch bei der Prävention langfristiger Fehlzeiten sein. Dies ergänzt sich zu den anderen Aufgaben von Psychologen in Unternehmen im Personalbereich (z.B. Recruiting etc.) Noch ist die Rolle des Psychologen in vielen Unternehmen im Kontext Gesundheit nicht etabliert. Aber immer mehr Betriebe, die erkannt haben, dass Ihre Mitarbeiter psychischen Belastungen ausgesetzt sind, setzen auch auf deren Fachwissen.

BETRIEBLICHE SOZIALBERATUNG

Betriebliche Sozialberatung gab es in großen Firmen bereits Anfang des 20. Jahrhunderts. Sie kümmerte sich um Mitarbeiter, die wirtschaftlich in Not geraten waren oder gesundheitliche Probleme hatten, insbesondere um alleinstehende Mütter.

Heute ist die betriebliche Sozialberatung eine Anlaufstelle für berufliche und private Probleme und engagiert sich u.a. in der Suchtberatung und in der Schuldnerberatung. Wie der Betriebsarzt unterliegt die Sozialberatung der Schweigepflicht. Die an späterer Stelle erläuterte Dienstleistung „externe Mitarbeiterberatung" (EAP) kann als Weiterentwicklung der Sozialberatung angesehen werden.

GESUNDHEITSMANAGER

Immer mehr Betriebe entscheiden sich dafür, einen Gesundheitsmanager für die Umsetzung eines BGM einzusetzen. In der Praxis sind das meist Absolventen der Studiengänge Gesundheitsmanagement/ Gesundheitswirtschaft/Gesundheitsökonomie. Sie bringen betriebswirtschaftliches und gesundheitsökonomisches Wissen mit und sind daher geeignet, die Einführung eines BGM im Unternehmen als Prozessmanager aktiv voranzutreiben.

PERSONALENTWICKLUNG UND PERSONALPFLEGE

Auch Personalentwicklung und Personalpflege spielen eine wichtige Rolle beim Umsetzen von der BGM. Die Personalentwicklung versucht, das Humankapital durch Qualifizierung und Kompetenzerweiterung zu erhöhen, die Personalpflege hat zur Aufgabe, Fehlzeiten zu senken, Fluktuation zu reduzieren und die Beschäftigungsfähigkeit der Mitarbeiter zu erhalten. In der Praxis heißt das, dass der Bereich Personal und die fachlichen Experten des betrieblichen Gesundheitsmanagements gemeinsam Strategien entwickeln, um die Ziele „gesunde leistungsfähige Mitarbeiter mit hoher Qualifikation" zu erreichen. Zum Erreichen dieser Ziele bietet sich betriebliches Gesundheitsmanagement an.[37] Die Rolle der Personalentwicklung wird im Kapitel 2.9 ausführlich beschrieben.

MITARBEITERVERTRETUNG/PERSONALVERTRETUNG

Bereits bei der Formulierung der Ziele des BGM sollte die Mitarbeitervertretung/Personalvertretung mit eingebunden werden. Sie vertritt die Perspektive der Mitarbeiter und hat häufig eigene Vorstellungen, welche Maßnahmen in einem BGM umgesetzt werden sollen. Hat die Unternehmensleitung die Mitarbeitervertretung von den Gesundheitszielen und den Maßnahmen zur Erreichen dieser Ziele überzeugt, kann die MA-Vertretung ein Sprachrohr für die Kommunika-

---

37 Vgl. *Schmidt*, 2010, S. 66.

tion der Maßnahmen an die Mitarbeiter sein. Aber der Unternehmer ist derjenige, der die Maßnahmen festlegt, die zum Erreichen der Unternehmensziele geeignet sind.

GLEICHSTELLUNGSBEAUFTRAGTE

Die Gleichstellungsbeauftragte (sofern im Unternehmen vorhanden) engagiert sich für die Gleichstellung von Männern und Frauen im betrieblichen Kontext. Es ist sinnvoll, auch sie bereits bei der Formulierung der BGM-Ziele mit einzubinden. Insbesondere bei BGM-Zielen, die die Vereinbarkeit von Familie und Beruf betreffen, wird sie im Sinne ihres Auftrages Unterstützung leisten.

GESUNDHEITSLOTSE/GESUNDHEITSSCOUT

Gesundheitslotsen im Betrieb sind speziell ausgewählte Mitarbeiter (sie sollten eine hohe Anerkennung bei ihren Kollegen haben.), die vom Betrieb zum Thema Gesundheit, oft mit dem Schwerpunkt psychische Gesundheit, geschult wurden. Sie sollen für ihre Kollegen Ansprechpartner sein für alle im betrieblichen Zusammenhang relevanten Themen der Gesundheit. Ein Aufgabenschwerpunkt von betrieblichen Gesundheitslotsen ist die Früherkennung psychischer Auffälligkeiten, das Ansprechen und der Hinweis auf mögliche Hilfsangebote. Für den Mitarbeiter soll die Hemmschwelle geringer werden, psychische Probleme anzusprechen durch Präsenz eines Ansprechpartners auf Augenhöhe. Eine gute Führungskraft, die ihre Mitarbeiter kennt und ansprechbar und präsent ist, wird allerdings schnell selbst erkennen, wenn mit einem seiner Mitarbeiter „etwas nicht stimmt".

UNFALLVERSICHERUNGSTRÄGER/BERUFSGENOSSENSCHAFTEN

Mit Einführung der Unfallverhütungsvorschrift DGUV V 2 haben die gesetzlichen Unfallversicherungen auf die Unternehmer explizit die Aufgabe übertragen, sich nicht nur um die Vermeidung von Arbeitsunfällen und Berufserkrankungen zu kümmern, sondern auch aktiv die Arbeitsverhältnisse so zu gestalten, dass sie keinen negativen Einfluss auf die Gesundheit der Beschäftigten haben. Damit ist von den Unfallversicherungsträgern klar definiert, dass BGM ein wichtiger Teil der sicherheitstechnischen und arbeitsmedizinischen Betreuung ist.

Die Unfallversicherungsträger sehen sich als Partner, die bei der Umsetzung eines BGM unterstützen können. Auf Anfrage beraten sie den Unternehmer zur Optimierung seiner Arbeitssysteme, unterstützen bei der Ermittlung von gesundheitlichen Belastungen und bei der Durchführung arbeitsmedizinischer Vorsorgeprogramme. Die Unfallversicherungsträger stellen außerdem praxistaugliche Informationsmedien zum Arbeits- und Gesundheitsschutz zur Verfügung.

KRANKENKASSEN

Auch die Krankenkassen sehen sich als Partner für Unternehmen im Thema betriebliches Gesundheitsmanagement. Im Sozialgesetzbuch V ist im § 20a verankert, dass Krankenkassen Leistungen zur betrieblichen Gesundheitsförderung erbringen und dabei mit den zuständigen Unfallversicherungsträgern zusammenarbeiten. Außerdem haben sie den Auftrag, die zuständigen Unfallversicherungsträger über Erkenntnisse zu informieren, die sie über Zusammenhänge zwischen Erkrankungen und Arbeitsbedingungen gewonnen haben.

Sie können dem Unternehmen Daten zum Arbeitsunfähigkeitsgeschehen sowie einen allgemeinen Gesundheitsbericht mit einer Krankenstandsanalyse liefern. Voraussetzung ist, dass ausreichend viele Mitarbeiter bei einer Krankenkasse versichert sind (i.d.R. mindestens 70 Versicherte). Einige Krankenkassen unterstützen die Einführung eines BGM durch Beratungsangebote und mit finanziellen Zuschüssen. Außerdem bieten Krankenkassen Aktionen und Programme zur betrieblichen Gesundheitsförderung an, wie z.B. Rückenschule, Stressbewältigungstraining.

Akteur	Aufgabe
Unternehmer	Formulierung der strategischen Gesundheitsziele; Organisation der finanziellen und personellen Ressourcen für BGM
Betriebsarzt	Information und Beratung des Unternehmers zur gesundheitlichen Situation im Unternehmen; Unterstützung bei der Ist-Analyse durch Auswertung von arbeitsmedizinischen Erkenntnissen; Beratung zur Gestaltung von Arbeitsplätzen zu Maßnahmen der Gesundheitsförderung
Sicherheitsfachkraft	Information und Beratung des Unternehmers zur Umsetzung des Arbeitsschutzes im Unternehmen; Unterstützung bei der Ist-Analyse durch Auswertung von Erkenntnissen aus der Gefährdungsbeurteilung; Beratung zur Gestaltung von Arbeitsplätzen und zur Reduzierung von Gefährdungen
Organisations-psychologe	Organisationsentwicklung, Beratung und Unterstützung der Geschäftsführung und Führungskräfte sowie Gestaltung von Kompetenz- und Fähigkeitsaufbau innerhalb des Betriebs; Analyse der psychischen Beanspruchungen im Unternehmen
Sozialberatung	Unterstützung von Mitarbeitern in Problemsituationen; Information und Beratung des Unternehmers zur psychischen Situation der Mitarbeiter
Gesundheits-manager	Planung, Steuerung und Kontrolle der Prozesse im BGM, Organisator von Maßnahmen zur Gesundheitsförderung
Personalentwicklung und -pflege	Entwicklung von Konzepten zur beruflichen Entwicklung von Mitarbeitern und Führungskräften
Mitarbeiter-vertretung	Interessensvertretung der Mitarbeiter und damit Mitgestalter eines BGM
Gleichstellungs-beauftragte	Interessensvertretung der Frauen, sorgt für die Gleichbehandlung von Männern und Frauen bei allen BGM-Maßnahmen
Gesundheitslotse	Früherkennung psychischer Auffälligkeiten, das Ansprechen und der Hinweis auf mögliche Hilfsangebote
Unfallversiche-rungsträger	Unterstützung bei der Umsetzung eines BGM mittels Beratung und Bereitstellung von Informationsmedien
Krankenkassen	Unterstützung bei der Umsetzung eines BGM mittels Beratung, Erstellung von Gesundheitsberichten, Angeboten zur Gesundheitsförderung

Tabelle 2-1: Akteure im BGM und ihre Aufgaben

2.9 Die Rolle der Personalentwicklung bei der Entwicklung einer gesundheitsorientierten Unternehmenskultur

„Personalentwicklung (PE) umfasst das aufeinander Abstimmen von Bildung, Förderung und Organisationsentwicklung auf Basis der individuellen Unternehmensbedürfnisse sowie das Ableiten geeigneter Maßnahmen und Strategien, die eine Qualifizierung von Humanressourcen zum Ziel haben."[38] Personalentwicklung spielt sich in unterschiedlichen Ebenen ab, nämlich auf der Mitarbeiterebene, auf der Teamebene, aber auch auf der Ebene der Organisation. Zur Personalentwicklung werden neben der Fort- und Weiterbildung weitere Instrumente genutzt, wie Zielvereinbarung, Mitarbeitergespräche und Führungsgrundsätze. Damit gibt die Personalentwicklung den Führungskräften Instrumente an die Hand, die – richtig angewendet – eine gesundheitsorientierte Führung erleichtern.

Auf der Mitarbeiterebene ist das Mitarbeitergespräch eine Möglichkeit, dem Mitarbeiter durch konkretes Feedback zu spiegeln, was man an seiner Arbeit und an seiner Person schätzt aber auch, wo Optimierungsmöglichkeiten gesehen werden. Es ist die Gelegenheit, über die berufliche Weiterentwicklung und über hemmende Dinge bei der beruflichen Entwicklung zu sprechen. Mit der Zielvereinbarung kann die Führungskraft konkretisieren, was sie von ihrem Mitarbeiter inhaltlich erwartet; Ziele sollten daher auch immer konkrete Aufgaben enthalten und nicht nur Umsatz- oder Ergebniszahlen. Aus der Rückmeldung der Zielvereinbarungsgespräche an den Bereich Personal ergibt sich der Schulungs- und Weiterentwicklungsbedarf, aber auch der Hinweis, eventuell spezielle Themen der Personalbetreuung aufzugreifen.

In den letzten Jahren rücken dabei vor allem die Themen

- Vereinbarkeit von Familie und Beruf
- Pflege von Angehörigen
- altersgerechtes Lernen

in den Fokus.

Lösungsansätze für die Vereinbarkeit von Familie und Beruf oder für die Pflege von Angehörigen sind z.B. das Ermöglichen flexibler Arbeitszeiten oder das Arbeiten von zu Hause. Die Personalverantwortlichen spielen bei der Entwicklung von Lösungen und der Umsetzung eine wichtige Rolle, weil bei Ihnen die Rückmeldungen zu den Mitarbeitergesprächen zusammenlaufen und weil sie die arbeitsvertraglichen Regelungen mitgestalten. Sie können bereits bei Bewerbungs-

---

38 Vgl. *Becker, M.*: Personalentwicklung.

gesprächen erkennen, welche Angebote für zukünftige Mitarbeiter wichtig sind und daraus ableiten, wie man die Rahmenbedingungen gestalten muss, um Mitarbeiter zu finden und zu binden.

Mit dem demografischen Wandel wird die Bindung von älteren Mitarbeitern an das Unternehmen zunehmend wichtiger, um nicht durch deren frühzeitiges Ausscheiden einen Wissensverlust zu erleiden. Die Personalentwicklung kann hier unterstützen durch dem Lebensalter angemessene Fort- und Weiterbildungen. Die Personalentwicklung sorgt mit den richtigen Schulungsmaßnahmen dafür, dass Führungskräfte lernen, gesundheitsfördernd zu führen. Sie gestaltet zusammen mit dem Unternehmer die arbeitsvertraglichen Möglichkeiten so, dass Mitarbeiter je nach Lebensphase die passenden Angebote haben, um Beruf und Familie miteinander vereinbaren zu können; bei jungen Eltern z.B. die Möglichkeiten eines Betriebskindergartens, bei älteren Beschäftigten die Unterstützung bei der Organisation der Pflege von Angehörigen.

2.10 Der BGM-Prozess

BGM ist ein vielschichtiger, von vielen Faktoren beeinflusster, Prozess.

Dies ergibt sich zum einen aus dem P-S-O-Modell von *Kastner*, das die unterschiedlichen Stellschrauben für Leistungs- und Gesundheitsverhalten beschreibt, zum anderen aus der Mehrdimensionalität des Individuums, nämlich seiner Körper-, Geistes- und Lebenswelt (siehe Kapitel 2.4).

Der Prozess läuft in Form eines Regelkreises ab, der aus den folgenden vier Prozessschritten besteht[39]

- Analyse
  - Welche Gesundheitsziele sollen erreicht werden?
  - Was ist der Ist-Zustand?
  - Wie ausgeprägt ist der Unterschied zwischen Ist-Zustand und formulierten Gesundheitszielen? („Soll-Ist-Abgleich")
- Aktion
  - Welche korrigierenden Maßnahmen kommen zum Erreichen der Ziele in Frage?
  - Welche vorbeugenden Maßnahmen kommen zum Erreichen der Ziele in Frage?

---

39 Vgl. *Kastner, M.*, 1998.

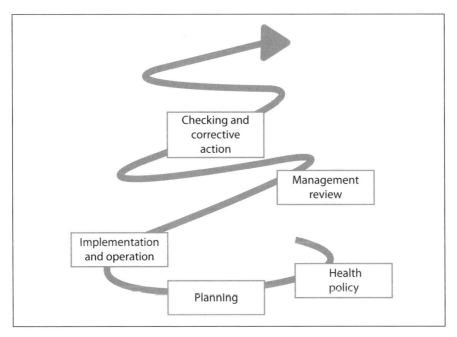

Abbildung 2-7: Regelkreis BGM

– Welche Maßnahmen zur Verbesserung kommen zum Erreichen der Ziele in Frage?
– Bewertung
– Wurden die Gesundheitsziele erreicht?

■ Verbesserung

Welche Maßnahmen für die jeweiligen Prozessschritte zur Anwendung kommen können, geht aus Tabelle 2-2 „BGM-Maßnahmen nach Prozessschritten" hervor. Zunächst jedoch werden die einzelnen Phasen im folgenden Text beschrieben:

ANALYSE

In der Analysephase werden Daten zur physischen und psychischen Gesundheit der Beschäftigten und Daten zu den Arbeitsbedingungen erfasst und bewertet. Die Auswertung sollte durch einen Steuerkreis Gesundheit erfolgen. Dieser Steuerungskreis besteht aus einem Vertreter der Unternehmensleitung, Vertretern aus den Bereichen Personal und Betriebsrat sowie den betrieblichen Gesundheitsexperten; hierzu zählt auf jeden Fall der Betriebsarzt, ggf. können weitere Experten wie Sozialberatung, Gesundheitsmanager u.a. hinzugezogen werden (siehe Kapitel 2.5).

Folgende Daten eignen sich für eine Analyse der „Gesundheit des Unternehmens":

- Arbeitsplatzanalysen,
- Gesundheitsbericht der Krankenkassen,
- Daten aus dem Bereich Personal (Fehlzeiten, Fluktuation, Demografie),
- Daten aus den arbeitsmedizinischen Vorsorgeuntersuchungen,
- Daten aus der Gefährdungsbeurteilung,
- Daten aus Mitarbeiterbefragungen.

Eine aktuelle und umfassende Gefährdungsbeurteilung ist zusammen mit den Personaldaten und den Daten der arbeitsmedizinischen Vorsorgeuntersuchungen bereits eine gute Datengrundlage. Ob für eine Analyse weitere Daten erhoben werden müssen, hängt davon ab, wie aussagekräftig die Auswertung der vorhandenen Daten ist. Aus den genannten Daten ergibt sich der Ist-Zustand des Unternehmens im Bereich Gesundheit. In der Realität wird es oft so sein, dass man sich bei der Analyse zunächst auf Unternehmensbereiche fokussiert, in denen wegen hoher Arbeitsanforderungen oder hoher Fluktuation besonderer Handlungsdruck besteht.

Auf der Basis der vorhandenen Daten wird eine Zielsetzung – quasi ein Idealbild – formuliert; dieses sollte konkret und messbar sein. Aus dem Vergleich zwischen Istzustand und Idealbild ergeben sich die Handlungsfelder. Werden mehrere Handlungsfelder identifiziert, sollte eine Priorisierung erfolgen. So kann beispielsweise die Reduzierung der Fluktuation um den Faktor x ein Ziel sein, ein Handlungsfeld wäre u.a. die Erhöhung der Mitarbeiterzufriedenheit. Schon bei der Analyse ist die Akzeptanz des Projektes durch Führungskräfte und Mitarbeiter sehr wichtig. Daher ist die frühzeitige und umfassende Information aller Beteiligten über Gründe, Zielsetzung und Ablauf des gesamten BGM-Prozesses eine wichtige Voraussetzung für den Erfolg.

AKTION

Wenn die Zielsetzung und die Handlungsfelder definiert sind, erfolgt die Planung geeigneter Maßnahmen durch den Steuerkreis Gesundheit und die Durchführung durch geeignete Experten. Dabei unterscheidet man Maßnahmen der Intervention, Prävention und Innovation. Die Begriffe werden im Folgenden erläutert und erklärt.

INTERVENTION

Maßnahmen aus dem Bereich der Intervention haben das Ziel, Fehlverhalten im Betrieb zu korrigieren oder Fehlentwicklungen zu kompensieren.

Typisches Beispiel für eine Interventionsmaßnahme ist das Angebot der externen Mitarbeiterberatung für Mitarbeiter mit psychischen Belastungen. Damit schafft der Arbeitgeber für die Mitarbeiter die Möglichkeit, psychologische Hilfestellung zu unterschiedlichen Problemen zu erhalten, z.B. durch eine telefonische Beratung. Er beseitigt damit zwar nicht die Ursache für die psychische Belastung der Mitarbeiter, aber gibt den Mitarbeitern die Möglichkeit, ihre Probleme bei einem Experten zu platzieren und eine Beratung zum Umgang mit dem jeweiligen Problem in Anspruch zu nehmen. Damit ergibt sich für den Mitarbeiter in der Regel eine Entlastung. Bezogen auf das P-S-O-Modell von *Kastner* ist die externe Mitarbeiterberatung eine Maßnahme, die bei der Person und der Situation ansetzt. Weitere Interventionen können sein: Betriebliches Eingliederungsmanagement, Krisenintervention, arbeitsplatzbezogenes Ergonomietraining, Maßnahmen zur Raucherentwöhnung.

PRÄVENTION

Präventionsmaßnahmen sind vorbeugende Maßnahmen, die ein unerwünschtes Ereignis oder eine unerwünschte Entwicklung vermeiden sollen. Eine Präventionsmaßnahme aus dem klassischen Arbeitsschutz ist z.B. das Tragen von Gehörschutz zur Verhütung von lärmbedingten Schäden am Gehör.

Um das Beispiel der psychisch belasteten Mitarbeiter aufzugreifen, wäre eine präventive Maßnahme, die psychischen Belastungen – im Anschluss an die Erfassung durch eine Gefährdungsanalyse – abzustellen oder durch arbeitsorganisatorische Änderungen zu reduzieren, falls nicht möglich, die Mitarbeiter durch geeignete Schulungsmaßnahmen in die Lage zu versetzen, mit den Belastungen besser umzugehen.

Präventionsangebote im Betrieb beziehen sich häufig auf die Bereiche Bewegung, Ernährung und Entspannung. Diese Maßnahmen sollten nur durchgeführt werden, wenn sie sich aus dem Soll-Ist-Abgleich begründen lassen und wenn sie auf die jeweilige Zielgruppe zugeschnitten sind. Ein Beispiel: Ein Bewegungs- und Ernährungsprogramm für Busfahrer eines städtischen Verkehrsunternehmens, die in der Regel während ihrer Tätigkeit 8 Stunden sitzen und übergewichtig sind, macht Sinn; das Ernährungsprogramm muss aber in der beruflichen

Situation umsetzbar sein. Ein Bewegungsprogramm für Briefzusteller bei der Post, die täglich 50 Kilometer und mehr mit dem Fahrrad unterwegs sind, macht weniger Sinn.

Als klassische Präventionsmaßnahme gilt die Check-up-Untersuchung. Dabei handelt es sich um eine medizinische Untersuchung, die Arbeitgeber ihren Mitarbeitern (insbesondere den Führungskräften) anbieten. Ziel der Maßnahme ist es, den Mitarbeiter über sein individuelles, ggf. risikobehaftetes Gesundheitsverhalten zu informieren und ihn durch Experten beraten zu lassen, wie er dieses optimieren kann. Erfahrungsgemäß funktioniert die Optimierung des Gesundheitsverhaltens am ehesten, wenn eine Nachbetreuung, z.B. durch Trainingsberatung oder Coaching, durch einen Gesundheitsexperten erfolgt.

Um den Effekt der Maßnahme zu dokumentieren, sollten die Daten von Check-up-Untersuchungen anonymisiert ausgewertet werden. Beim Vergleich mit Folgedaten kann man erkennen, ob sich der Gesundheitszustand der teilnehmenden Mitarbeiter verbessert. Als freiwilliges Angebot des Unternehmens an seine Mitarbeiter können Check-up-Untersuchungen nicht nur die Gesundheitskompetenz des Einzelnen positiv beeinflussen, sie können auch auf die Kultur des Unternehmens positiven Einfluss haben im Sinne von Wertschätzung und Bewertung der Mitarbeitergesundheit als wichtige Unternehmensressource.

INNOVATION

Innovativ zu sein, bedeutet, neue Ideen einzubinden und erfolgreich umzusetzen.

Im BGM sind Maßnahmen der Innovation häufig Neuentwicklungen oder Verbesserungen von Abläufen und Prozessen, die sich positiv auf die Gesundheit der Mitarbeiter auswirken. Ein Beispiel für Innovation ist die Einführung der Gruppenarbeit in der Automobilindustrie. Damit wurden die Anforderungen an den Einzelnen zwar komplexer, aber gleichzeitig der Handlungs- und Entscheidungsspielraum bezüglich der Arbeitsabläufe größer und die körperliche Belastung vielseitiger und damit weniger belastend. Außerdem gab es mehr Möglichkeiten, im Team auf individuelle Beeinträchtigungen einzugehen und sie durch das Team zu kompensieren.

Zu betrieblichen Innovationslösungen kommt es insbesondere dann, wenn man frühzeitig, also präventiv, bestimmte Probleme lösen will und dafür neue Wege im Unternehmen beschreitet. Die Einführung spezieller Arbeitszeitmodelle für berufstätige Mütter mit dem Ziel, die

Kinderbetreuung zu vereinfachen, ist ein weiteres Beispiel für eine Innovationsmaßnahme. Bei diesen Maßnahmen empfiehlt es sich ganz besonders, die Mitarbeiter einzubeziehen und ihre Ideen zur Verbesserung zu berücksichtigen, denn niemand kennt seinen Arbeitsplatz besser als der jeweilige Mitarbeiter.

BEWERTUNG (EVALUATION)

In der Bewertungsphase wird überprüft, ob und in welchem Umfang die durchgeführten Maßnahmen zur Erreichung der gesetzten Ziele geführt haben. Die Bewertung wird erleichtert, wenn bereits in der Analysephase Kennzahlen definiert wurden, an denen der Erfolg der Maßnahmen gemessen wird. Um das Beispiel der Fluktuation als Kennzahl aufzugreifen: die Senkung der Fluktuation wäre ein Hinweis auf den Erfolg der durchgeführten Maßnahmen. Bei der Erfolgsbewertung ist zu berücksichtigen, dass es je nach Umfang und Art der gewählten Maßnahmen durchaus eine größere Zeitspanne braucht, bis sich Effekte messen lassen. 12 Monate sind hierbei eine realistische Größenordnung. Sinnvollerweise greift man bei der Bewertung auf Instrumente der Ist-Analyse zurück. Ein klassisches Bewertungsinstrument ist der Gesundheitsbericht.

Fallbeispiel

In einem Zulieferbetrieb der Automobilindustrie (Montage von Karosserieteilen) mit 350 Beschäftigten wird von der Betriebskrankenkasse, bei der ca. 70 % der Beschäftigten versichert sind, ein Gesundheitsbericht für das Jahr 2012 erstellt. Dabei finden sich im Vergleich zur Branche mehr Arbeitsunfähigkeitstage/Jahr für Muskel- und Skeletterkrankungen. Das deckt sich mit den Erkenntnissen im Betrieb. In der Produktion, wo das Heben und Tragen schwerer Lasten fortlaufend erfolgt, sind in der Vergangenheit häufig Mitarbeiter wegen Krankheit auch für einen längeren Zeitraum ausgefallen oder haben Mitarbeiter bei der Personalabteilung ein ärztliches Attest abgegeben, dass sie nicht schwer Heben und Tragen dürfen. Der Betrieb führt verschiedene Maßnahmen ein, um die Belastungen durch Heben und Tragen zu reduzieren (u.a. ein rollierendes System, so dass der Einzelne täglich weniger häufiger schwer heben muss, sowie ein Ergonomietraining am Arbeitsplatz). Nach einem Jahr erstellt die Krankenkasse erneut einen Gesundheitsbericht. Die Anzahl der Arbeitsunfähigkeitstage liegt jetzt nur noch minimal über dem Branchendurchschnitt, dabei sind aber die Fehlzeiten wegen Muskel- und Skeletterkrankungen im Vergleich zum Vorjahr deutlich rückläufig.

VERBESSERUNG

Im Idealfall führen die Maßnahmen aus dem Bereich Prävention, Intervention und Innovation zu einer messbaren Verbesserung der Situation. Diese neue Situation ist gleichzeitig der neue Ist-Zustand des Unternehmens bezüglich der Gesundheit seiner Mitarbeiter und dient als Ausgangsbasis für eine neue Analyse.

Zusammengefasst ist der Prozess des betrieblichen Gesundheitsmanagements ein klassischer kontinuierlicher Verbesserungsprozess; daher ist es zielführend, BGM in ein vorhandenes Qualitätsmanagementsystem zu integrieren.

2.11 Beschreibung und Bewertung von BGM-Maßnahmen

Betriebliches Gesundheitsmanagement kann sich in diversen betrieblichen Handlungsfeldern abspielen:

- Führung
- Unternehmenskultur
- Betriebsklima
- Organisation der Arbeit
- Gestaltung des Arbeitsplatzes und der Arbeitsumgebung
- Arbeitsaufgabe
- Handlungskompetenz und Handlungsspielraum der Mitarbeiter
- Personalentwicklung, Schulungskultur
- Vereinbarkeit von Familie und Beruf
- medizinische Vorsorge
- betriebliche Gesundheitsförderung
- betriebliches Eingliederungsmanagement
- Gesundheitszustand
- Gesundheitsverhalten.

Welche Handlungsfelder im Einzelnen bearbeitet werden, ergibt sich aus der Formulierung des Ideals und des Soll-Ist-Abgleichs im BGM-Prozess. Einige Handlungsfelder sind bereits Teil des Arbeits- und Gesundheitsschutzes.

Im Folgenden werden typische BGM-Maßnahmen beschrieben und bewertet. Die Aufzählung erhebt keinen Anspruch auf Vollständigkeit.

Prozess-schritt	Maßnahme	Inhalt	Wer?
Analyse			
	Gesundheits-bericht	Auswertung und Bewertung der Arbeitsunfähigkeitsdaten der Krankenkasse sowie betriebsinterner Daten	Krankenkasse, Betriebsarzt Fachkraft für Arbeitssicherheit
	Mitarbeiter-befragung	Online oder „Papier"-Befragung der Mitarbeiter zu vorher festgelegten Themen (z.B. Motivation, psychische Gesundheit, Führung)	Betriebspsychologen aus Universitätsinstituten, u.a. externen Unternehmen
	Analyse der psychischen Belastungen	Erfassung und Bewertung psychischer Belastungen, Teil der Gefährdungsbeurteilung	Betriebsarzt, Sicherheitsfachkraft, Betriebspsychologe, Führungskräfte
	Analyse der psychischen Beanspruchungen	Erfassung und Bewertung psychischer Beanspruchungen	Betriebspsychologe, externe ABO-Psychologen
	Demographie-analyse	Erhebung der Altersstruktur im Unternehmen, Zukunftsprognose	Bereich Personal, externe Anbieter
	Ergonomie-analyse	Analyse ergonomischer Leitmerkmale, z.B. mit Leitmerkmal-Methode (LMM)	Betriebsarzt, Sicherheitsfachkraft, ggf. speziell ausgebildete Physiotherapeuten
Aktion			
	BGM-Workshop für Führungskräfte	Seminar zur Sensibilisierung für gesundes Führen	Bereich Personal, Betriebsarzt, Betriebspsychologe, externe Anbieter (psychologische Qualifikation)
	Externe Mitarbeiterberatung (EAP)	Psychologisches Beratungsangebot für Mitarbeiter bei besonderen beruflichen u./o. privaten Belastungen (persönlich oder telefonisch)	Externe Anbieter (psychologische Qualifikation)

Prozess-schritt	Maßnahme	Inhalt	Wer?
	Check-up-Untersuchung	Untersuchungsangebot zur Früherkennung von gesundheitlichen Risikofaktoren i.d.R. mit ausführlicher Lebensstilberatung	Betriebsarzt, externe Präventivmediziner
	Arbeitsplatzbezogenes Ergonomie-Training	Praktische Anleitung zur Verbesserung der Arbeitsergonomie an gewerblichen Arbeitsplätzen und Training von ergonomischen Verhaltensweisen am Arbeitsplatz	Physiotherapeut
	Betriebssportangebote	z.B. Fußball, Handball, Fitness, Tanzen, Golf, Selbstverteidigung	Mitarbeiter, Bereich Personal, ggf. Kooperation mit Sportvereinen
	Grippeschutzimpfungen	Angebot einer Krankenkassenleistung im Betrieb	Betriebsarzt, ggf. Unterstützung durch Krankenkasse
	Gesundheitsseminare	Information der Mitarbeiter zu Themen wie Bewegung, Ernährung, Entspannung, Umgang mit Mobbing, Prävention von Burn-out	Betriebsarzt, Betriebspsychologe, Gesundheitsmanager, externe Anbieter, Krankenkasse
	Gesundheitstag	Informationsveranstaltung im Betrieb, die Handlungsfelder des betriebseigenen BGM aufgreift : – häufige Gesundheitsrisiken wie Herz-Kreislauf-Erkrankungen, Diabetes – Umgang mit Stress – Bewegung – Entspannung	Betriebsarzt, Gesundheitsmanager, ggf. Einbindung von externen Anbietern (Krankenkasse, Unfallversicherungsträger)
	BEM (betriebliches Eingliederungs-Management)	Strukturierte Vorgehensweise zur Wiedereingliederung von Langzeiterkrankten und/oder leistungseingeschränkten Mitarbeitern	Bereich Personal; Betriebsrat, Schwerbehindertenvertreter, Betriebsarzt

Prozess-schritt	Maßnahme	Inhalt	Wer?
	Coaching	Beratung und Training von Einzelpersonen und kleinen Gruppen zu verschiedenen Themen: – Zeitmanagement – Mobbing – Konfliktmanagement – „Work-Life-Balance" – Krisenprävention	Betriebspsychologe, externe Anbieter mit psychologischer oder sozialpädagogischer Qualifikation
Bewertung			
	Gesundheits Balanced – Scorecard (BSC)	Benutzen eines Kennzahlensystems, das neben betriebswirtschaftlichen auch Kennzahlen für betriebliche Gesundheit berücksichtigt	Controlling zusammen mit Steuerkreis
	Gesundheits bericht	Auswertung und Bewertung der Arbeitsunfähigkeitsdaten der Krankenkasse sowie betriebsinterner Daten	Krankenkasse, Betriebsarzt, Fachkraft für Arbeitssicherheit

Tabelle 2-2: BGM-Maßnahmen nach Prozessschritten

GESUNDHEITSBERICHT

Ein betrieblicher Gesundheitsbericht macht Aussagen über den Gesundheitszustand der Mitarbeiter und gibt Hinweise, in welchen Arbeitsbereichen Schwerpunkte gesundheitlicher Belastungen liegen. Als Informationsquelle können die Analysen von Arbeitsunfähigkeitsdaten der Krankenkassen herangezogen werden. Die Krankenkasse wertet die Häufigkeit und Verteilung gemeldeter Krankheitsfälle im Unternehmen, die Krankheitsdauer und die dazugehörige Krankheitsdiagnose der bei ihr versicherten Mitarbeiter aus. Diese Daten werden in Bezug gesetzt zu den Arbeitsbereichen, in denen die Mitarbeiter beschäftigt sind. Damit lassen sich ggf. bezüglich der Arbeitsunfähigkeiten auffällige Abteilungen identifizieren. Größere Unternehmen können in der Regel für eine Aussage zum Krankenstand eigene Personaldaten auswerten. Es ist zu berücksichtigen, dass die Ergebnisse insofern von denen der Krankenkassen differieren, als Unternehmen schon ab dem 1. Krankheitstag Fehlzeiten erfassen, während Krankenkassen das normalerweise erst ab dem 3. Krankheitstag tun (vorher ist nicht unbedingt eine Krankschreibung notwendig).

Die Krankenkassen setzen die Daten des Betriebs außerdem in Bezug zu den Daten der Branche und der Region, so dass das Unternehmen sieht, wo es im Vergleich zu anderen steht. Die Analyse der Krankenkasse hat ihre Grenzen, da sie nur Aussagen zu den Mitarbeitern treffen kann, die bei ihr versichert sind. Sind z.b. nur 20 % der Mitarbeiter bei derselben Krankenkasse versichert, erhält man bei einer Arbeitsunfähigkeitsdaten-Analyse auch nur eine Aussage über diese 20 %. Es sollte vorab kritisch hinterfragt werden, ob eine Arbeitsunfähigkeitsanalyse überhaupt Sinn macht, wenn nicht wenigstens 40–50 % der Mitarbeiter damit erfasst werden.

Sind in einem ausreichend großen Betrieb viele verschiedene Krankenkassen vertreten, fordert man die Analyse bei der Krankenkasse an bzw. bei den beiden Krankenkassen an, bei der die meisten Beschäftigten versichert sind. Je weniger Mitarbeiter bei einer Krankenkasse versichert sind, umso schwieriger wird es, überhaupt eine verwertbare Aussage zu erhalten. Die Krankenkassen fertigen erst ab einer Zahl von 70 Mitarbeitern einen Gesundheitsbericht an, unterhalb dieser Zahl sind Auswertungen sowohl aufgrund Ihrer statistischen Verwertbarkeit als auch aus Datenschutzgründen nicht möglich.

Der Gesundheitsbericht wird aussagekräftiger, wenn weitere betriebliche Daten wie Informationen des Betriebsarztes und der Sicherheitsfachkraft, Ergebnisse der Gefährdungsbeurteilung und Ergebnisse von Mitarbeiterbefragungen berücksichtigt werden.

MITARBEITERBEFRAGUNG

Eine Mitarbeiterbefragung ist eine Datenerhebung zu unterschiedlichen betrieblichen Themenfeldern. Sie erfolgt durch standardisierte Papier- oder online Fragebögen und/oder durch strukturierte Interviews. Die Befragung mittels Fragebögen ist anonym, die Teilnahme ist freiwillig. Die Mitarbeitervertretung ist im Vorfeld mit einzubeziehen. Die Aussagekraft ist umso größer, je mehr Mitarbeiter sich beteiligen. Die Teilnahmequote hängt u.a. davon ab, wie viele Befragungen die Mitarbeiter im Jahr zu unterschiedlichen Themen bearbeiten sollen, wie einfach die Teilnahme organisiert ist und wie gut die Kommunikation im Vorfeld erfolgt. Um aussagekräftige Ergebnisse zu bekommen, ist eine Teilnahmequote von 50% oder mehr anzustreben.

Typische Themenfelder einer Mitarbeiterbefragung sind:

– Arbeitsplatzzufriedenheit
– Identifikation mit dem Unternehmen
– Betriebsklima
– Qualität der Führung
– Qualität der Arbeitsplatzgestaltung, der Arbeitsmittel
– Qualität der Fort- und Weiterbildung
– Gesundheitszustand.

Eine professionell durchgeführte Mitarbeiterbefragung gibt wertvolle Hinweise, in welchen betrieblichen Themenfeldern Handlungsbedarf besteht. Eine Mitarbeiterbefragung weckt eine hohe Erwartungshaltung bei den Mitarbeitern; sie sollte nur durchgeführt werden, wenn das Unternehmen bereit ist, die sich ergebenden Handlungsfelder zu bearbeiten. Wichtig im Vorfeld ist eine offene Kommunikation darüber, warum die Befragung durchgeführt wird und eine sorgfältige Beachtung des Datenschutzes. Ebenso wichtig ist die offene Kommunikation der Ergebnisse und der Maßnahmen, die aus den Ergebnissen abgeleitet werden. Bei der Ableitung von Maßnahmen sollten die Fachexperten für den Arbeits- und Gesundheitsschutz und die Mitarbeitervertretung mit einbezogen werden.

ANALYSE DER PSYCHISCHEN BELASTUNG

Seit Einführung des Arbeitsschutzgesetzes im Jahr 1996 sind Arbeitgeber verpflichtet, in ihrem Betrieb eine Gefährdungsbeurteilung durchzuführen. Dazu gehört auch die Analyse der psychischen Belastungen. Sie ist Teil des Arbeitsschutzes und nicht wie andere Maßnahmen im betrieblichen Gesundheitsmanagement freiwillig. So soll sie an dieser Stelle erläutert werden, weil Studien zeigen, dass bisher nur wenige Betriebe bei ihrer Gefährdungsbeurteilung die psychischen Belastungen erfassen, die Ergebnisse der Analyse der psychischen Belastungen aber wertvolle Hinweise geben kann, ob Maßnahmen zur Gestaltung der Arbeitsaufgaben notwendig sind. Die Ursachen für die bisher unzureichende Umsetzungsquote der Gefährdungsbeurteilung der psychischen Belastungen liegen einerseits an der Brisanz des Themas, am fehlenden Wissen, an fehlenden Personalressourcen aber auch am mangelnden Problembewusstsein[40].

Bei der Analyse der psychischen Belastungen geht es darum, die arbeitsplatzbezogenen psychischen Gefährdungen zu ermitteln und nicht die psychischen Beeinträchtigungen des Individuums. Typische psychische Belastungen sind Zeitdruck, hohe Verantwortung bei wenig Handlungsspielraum, konfliktbehaftete Arbeitssituationen, aber auch belastende Umgebungsbedingungen durch Lärm, Kälte oder Hitze.

Das Fachbuch „Gefährdungsbeurteilung psychischer Belastung" der BAUA (Bundesanstalt für Arbeitsschutz und Arbeitsmedizin)[41] informiert über relevante psychische Belastungsfaktoren, gibt eine kon-

---

40 Vgl. *Beck/Richter/Ertl*, 2012.
41 *Bundesanstalt für Arbeitsschutz und Arbeitsmedizin*, 2014.

krete Anleitung zur Durchführung der Gefährdungsbeurteilung psychischer Belastungen und stellt ausgewählte Analyseinstrumente vor. Außerdem finden sich dort viele Praxisbeispiele sowie ein Infoteil mit Handlungshilfen und Ansprechpartnern. Insbesondere in Branchen, deren Arbeitsaufgaben hohe psychische Anforderungen durch Zeitdruck, hohe Verantwortung für Personen (Gesundheitswesen, Sozial- und Erziehungsberufe) oder Arbeitsbelastungen mit Monotonie enthalten, ist die Analyse der psychischen Belastungen nicht nur eine gesetzliche Vorgabe, sondern auch zwingend erforderlich, um Arbeit gesundheitsfördernd zu gestalten.

ANALYSE DER PSYCHISCHEN BEANSPRUCHUNGEN

Eine Analyse der psychischen Beanspruchungen kann sinnvoll sein, wenn die Analyse der psychischen Belastungen hohe Belastungswerte ergeben hat oder im Unternehmen konkrete Hinweise für psychische Fehlbeanspruchungen vorliegen, wie z.B. auffällige Fehlzeiten, hohe Fluktuation. Die Analyse der psychischen Beanspruchungen ermittelt die unmittelbare Auswirkung der psychischen Belastung auf das Individuum. Dafür wird die subjektive Einschätzung des Mitarbeiters erhoben. Insbesondere wenn Beschäftigte unter- oder überfordert sind, führt psychische Belastung zu Fehlbeanspruchungen, die langfristig zu gesundheitlichen Beschwerden führen und das Verhalten und die Leistung der Beschäftigten beeinflussen. Im Unterschied zur Gefährdungsbeurteilung psychischer Belastungen ist die Analyse der psychischen Beanspruchungen nicht gesetzlich geregelt.

Bei einer Analyse der psychischen Beanspruchungen wird je nach Auffälligkeit (hohe Fluktuation, geringe Mitarbeiterzufriedenheit in einer Mitarbeiterbefragung u.a.) zunächst die Fragestellung konkretisiert und dann das passende Instrument gesucht. Es handelt sich dabei in der Regel um schriftliche Befragungen mit standardisierten Instrumenten, ggf. ist auch die Weiter- oder Neuentwicklung von Instrumenten erforderlich. Im Unterschied zu den Methoden, die psychische Belastungen erfassen, ist für Erfassung und Bewertung von psychischen Beanspruchungen auf jeden Fall psychologisches Expertenwissen notwendig.

DEMOGRAFIEANALYSE (ALTERSSTRUKTURANALYSE)

Im Rahmen einer Demografie Analyse wird der personelle Ist-Zustand des Betriebs erhoben; die Entwicklung der Altersstruktur der Belegschaft im Unternehmen für die Zukunft wird sichtbar gemacht sowie welche betriebsspezifischen Auswirkungen dadurch zu erwarten sind.

Aus diesen Informationen lässt sich der Handlungsbedarf für das Unternehmen ableiten.

ERGONOMIEANALYSE

Die Ergonomieanalyse ist eine spezielle Form der Gefährdungsbeurteilung. Es werden ergonomisch problematische Arbeitsplätze mittels Analysetools wie der Leitmerkmalmethode erfasst und dokumentiert und bezüglich der körperlichen Belastungen Heben, Tragen, Halten, Ziehen und Schieben bewertet. Die Analyse erfolgt durch Betriebsarzt und Fachkraft für Arbeitssicherheit. Sinnvoll ist diese Analyse für Arbeitsplätze mit hohen Anforderungen an das Muskel- und Skelettsystem.

BGM-WORKSHOP FÜR FÜHRUNGSKRÄFTE

Im Kapitel 2.7 „Erfolgsfaktoren für ein BGM" und im Kapitel 3 „Führung und Gesundheit" wird erläutert, welche wichtige Rolle die Führungskräfte für die erfolgreiche Implementierung und Umsetzung eines betrieblichen Gesundheitsmanagements spielen. Führungskräfte müssen für ihre Aufgabe im BGM „befähigt" werden. Ein BGM-Workshop mit ihnen dient dazu, das Wissen über die Zusammenhänge zwischen Führung und Gesundheit zu vermitteln, auf Bedenken einzugehen und Lösungsansätze zu erarbeiten und sie auf diese zusätzliche Aufgabe vorzubereiten. Eine Einbindung des Bereichs Personal, des Betriebsarztes und, falls vorhanden, des Betriebspsychologen in die inhaltliche Vorbereitung und Gestaltung des Workshops ist sinnvoll.

MAßNAHMEN ZUR GESUNDHEITSFÖRDERUNG

Gemäß der Luxemburger Deklaration zur betrieblichen Gesundheitsförderung in der Europäischen Union „umfasst betriebliche Gesundheitsförderung alle gemeinsamen Maßnahmen von Arbeitgebern, Arbeitnehmern und Gesellschaft zur Verbesserung von Gesundheit und Wohlbefinden am Arbeitsplatz.

Dies kann durch eine Verknüpfung folgender Ansätze erreicht werden:

- Verbesserung der Arbeitsorganisation und der Arbeitsbedingungen
- Förderung einer aktiven Mitarbeiterbeteiligung
- Stärkung persönlicher Kompetenzen. "

Es gibt zahlreiche Angebote für Maßnahmen zur Gesundheitsförderung. Die Herausforderung ist, für den jeweiligen Betrieb die geeigneten Maßnahmen zu finden. Bei Mitarbeitern und Mitarbeitervertretung werden Maßnahmen zur Gesundheitsförderung positiv wahrgenommen, weil leicht zu erkennen ist, dass das Unternehmen in die Gesundheit seiner Mitarbeiter investiert und weil die Maßnahmen konkret sind.

Die Krankenkassen haben gemäß Sozialgesetzbuch V § 20a Abs. 1 Satz 1 die Pflicht, Leistungen zur Gesundheitsförderung in Betrieben zu erbringen. Allerdings war das Budget pro Versichertem bisher klein. Mit Verabschiedung des Präventionsgesetzes im Juni 2015 wird zukünftig mehr Geld von den Kassen zur Verfügung stehen. Betriebe mit Interesse an Gesundheitsförderung wenden sich am besten an die Krankenkasse, bei der die meisten ihrer Beschäftigten versichert sind. Aus Sicht des Betriebs ist es sinnvoll, in die Themen zu investieren, die für das Unternehmen relevant sind. Relevantes Thema für gewerbliche Betriebe ist z.B. die Zunahme an chronisch Kranken durch den demografischen Wandel. Dieser führt dazu, dass immer mehr Mitarbeiter mit zunehmendem Alter wegen Leistungseinschränkungen oder bestehender Erkrankungen für bestimmte Tätigkeiten nicht mehr eingesetzt werden können. Gerade in gewerblichen Unternehmen spielen die Muskel- und Skeletterkrankungen (Nr. 1 in der Liste der Ursachen für Arbeitsunfähigkeit) die beherrschende Rolle.

Im Rahmen von arbeitsmedizinischen Vorsorgeuntersuchungen werden diese Gesundheitsstörungen oft thematisiert; hier kann es sich lohnen, mit geeigneten Beratungsangeboten des Betriebsarztes zur Lebensstiländerung oder Empfehlungen zur Weiterbehandlung durch den Hausarzt frühzeitig gegenzusteuern. So kann man auch Mitarbeiter aus niedrigen sozialen Schichten erreichen, die von den Präventionsangeboten der Krankenkassen außerhalb des Settings Betrieb meist nicht erreicht werden.

Maßnahmen zur Gesundheitsförderung sind sinnvoll, sie sind gut für das Betriebsklima und für das Image des Unternehmens sowohl intern als auch nach außen. Aber: Gesundheitsförderung ist freiwillig. Meistens nehmen die Mitarbeiter die Angebote wahr, die sich bereits um ihre Gesundheit kümmern. Niederschwellige Angebote erhöhen die Teilnahmequote, erfahrungsgemäß erreicht man aber nicht einmal 50 % der Beschäftigten. Eingebettet in eine wertschätzende Unternehmenskultur sind sie ein wichtiger Teil von BGM.

Betriebssport

Eine sehr lange Tradition im Themenfeld Gesundheitsförderung hat der Betriebssport. Es handelt sich dabei sowohl um Angebote, die Mitarbeiter in Eigenregie organisieren als auch um Angebote des Unternehmens. Betriebssport hat mehrere Effekte: Er erleichtert unter anderem die Pflege der sozialen Kontakte innerhalb des Betriebs ggf. auch über Hierarchien hinweg und fördert die körperliche Aktivität der Beschäftigten. In Deutschland ist der Betriebssport in einer eigenen Dachorganisation „Deutscher Betriebssportverband e. V." im Deutschen Sportbund organisiert. Ist ein Unternehmen nicht groß genug, in Eigenregie Betriebssport zu organisieren, unterstützen die regionalen Sportvereine.

Externe Mitarbeiterberatung (EAP Employee Assistance Programme)

Externe Mitarbeiterberatung ist ein vom Arbeitgeber finanziertes externes Beratungsangebot für Mitarbeiter und Führungskräfte. Beratungsinhalte sind typischerweise Probleme am Arbeitsplatz (Mobbing, Probleme mit dem Vorgesetzten, Gefühl der Überforderung), aber auch private Probleme (Trauerbewältigung, Erziehungsprobleme, psychische Belastungen durch Trennung usw.). Die Beratungen erfolgen in erster Linie telefonisch durch Personen mit psychologischer Ausbildung, häufig Psychologen oder Sozialpädagogen, unter strenger Einhaltung von Datenschutzgrundsätzen. Der Arbeitgeber erfährt nicht, welcher seiner Mitarbeiter sich beraten lässt. Einige Anbieter haben ein Beratungsangebot über 365 Tage im Jahr und können auch kurzfristig persönliche Beratungen oder Kurzzeittherapien bei niedergelassenen Psychologen vermitteln.

Check-Up Untersuchung für Führungskräfte

Bei einer Check-up Untersuchung werden medizinische Daten zu Gesundheits- und Leistungszustand und Informationen zum Lebensstil des Probanden erhoben. Die Untersuchungsinhalte sind variabel. Zum Untersuchungsumfang gehört auf jeden Fall die Suche nach statistisch häufigen Erkrankungen wie Herz-Kreislauf-Erkrankungen, Zuckerkrankheit und Bluthochdruck. Der Untersuchte erhält ein schriftliches Ergebnis der Untersuchung, im optimalen Fall auch eine Erläuterung der erhobenen Befunde sowie Empfehlungen zur Lebensstiländerung (Themenfelder, Ernährung, Bewegung, Entspannung). Gerade bei Führungskräfte Check-ups sollten die psychischen Beanspruchungen mit erfasst werden, um möglichen Handlungsbedarf zu erkennen und anzusprechen.

Check-up Untersuchungen sind freiwillig, der Arbeitgeber übernimmt die Kosten für die Untersuchung, aber nur der Proband erhält ein Ergebnis. Sie werden als Maßnahme der Wertschätzung wahrgenommen, insbesondere wenn die Untersuchungen außerhalb des Arbeitsumfelds in einem besonderen Ambiente stattfinden. Die Akzeptanz dieses Angebotes ist unterschiedlich, im optimalen Fall erreicht man Teilnahmequoten von über 80 %.

Arbeitsplatzbezogenes Ergonomietraining

Hat eine Ergonomieanalyse ergonomisch problematische Arbeitsplätze identifiziert, ist der erste Schritt im Arbeitsschutz, die Arbeitsplätze durch technische Maßnahmen ergonomisch zu verbessern. In vielen Fällen ist das nicht oder nicht sofort möglich. Als Alternative kommen dann organisatorische und personenbezogene Maßnahmen zur Belastungsminderung in Frage, und zwar insbesondere Anleitungen der Mitarbeiter in geeigneter Arbeitstechnik durch besonders geschulte Physiotherapeuten. Der Physiotherapeut kommt an den Arbeitsplatz und unterweist den Mitarbeiter, wie er bei einzelnen Arbeitsschritten durch Hebe- und Bewegungstechniken die mechanische Belastung reduzieren kann. Zusätzlich erhält der Mitarbeiter Anleitung für individuelle Körperübungen, die er nach der Arbeit durchführen kann.

Gesundheitstage

Gesundheitstage in Unternehmen dienen dazu, über Gesundheitsthemen und betriebliche Angebote zur Gesundheitsförderung zu informieren und die Akteure im betrieblichen Gesundheitsmanagement und deren Aufgaben vorzustellen. Bei der Einführung von betrieblichem Gesundheitsmanagement kann ein Gesundheitstag als Auftaktveranstaltung sinnvoll sein. Ein Gesundheitstag, der als einzige Aktion zur Gesundheitsförderung im Jahr stattfindet, hat keinen gesundheitsfördernden Effekt. In der Regel ist die Aktion schon nach wenigen Wochen wieder in Vergessenheit geraten.

BETRIEBLICHES EINGLIEDERUNGSMANAGEMENT (BEM)

BEM soll dazu dienen, die Rückkehr eines länger erkrankten Mitarbeiters an seinen Arbeitsplatz zu erleichtern, erneuter Arbeitsunfähigkeit vorzubeugen und den Arbeitsplatz von Mitarbeitern mit gesundheitlichen Einschränkungen zu erhalten. BEM wird im Kapitel 4 ausführlich beschrieben.

COACHING (FÜHRUNGSKRÄFTE, MITARBEITER)

Coaching (aus dem englischen „to coach": trainieren, betreuen) im betrieblichen Umfeld ist das Training und die Beratung eines Einzelnen oder einer Gruppe mit dem Ziel, bestimmte Kompetenzen zu entwickeln, die für das Erreichen beruflicher Ziele notwendig sind. Die Basis für Coaching sind Freiwilligkeit und Vertraulichkeit. Der Begriff „Coach" ist nicht geschützt. Die erste Herausforderung in vielen Fällen ist, den für das jeweilige Thema geeigneten Coach zu finden.

Typische Themen für Coaching sind Selbstmanagement, Konfliktmanagement, Gestaltung beruflicher Veränderungen und Umgang mit Krisensituationen.

GESUNDHEITS BALANCED SCORECARD

Die Balance Score Card ist ein im betriebswirtschaftlichen Umfeld geläufige Methode zur Steuerung von Systemen mit nicht monetären Kennzahlen und damit ein Instrument, das Managern bereits aus ihrem Kerngeschäft bekannt ist. Die BAuA hat in dem Forschungsprojekt „Evaluation der betrieblichen Gesundheitsförderung mit Hilfe der Balance Score Card am Beispiel eines Unternehmens in der Automobilindustrie" (Projekt F 2126)[42] ein kennzahlengestütztes Steuerungsinstrument für das BGM (Gesundheits-BSC) entwickelt und damit Erkenntnisse aus Managementsystemen in das System „Betriebliches Gesundheitsmanagement" übertragen.

In einem Leitfaden werden Empfehlungen formuliert, wie Unternehmen eine Steuerung und Bewertung von BGM-Maßnahmen durchführen können. Es werden drei Voraussetzungen formuliert:

- „Commitment des Managements (die Entwicklung der BSC als Prozess auffassen, Zeit und Mühe investieren, langfristiges Engagement zeigen)

- Strategische Ausrichtung (Gesundheitsstrategie inhaltlich aus der Unternehmens- und Personalstrategie ableiten bzw. mit diesen in Gleichklang bringen)

- Vernetzung (BGM als vernetzten Prozess auffassen und entsprechende Strukturen schaffen)"

---

42 Vgl. *Horváth, P.; Gamm, N.; Möller, K.; Kastner, M.; Schmidt, B.; Iserloh, B.; Kliesch, G.; Otte, R.; Braun, M.; Matter, M.; Pennig, St.; Vogt, J.; Köper, B.*, 2009.

Es wird ein Implementierungsverfahren beschrieben, um eine unternehmensspezifische Gesundheits-BSC zu entwickeln. Unter anderem werden Beispiele für Kennzahlen zur Gesundheitsförderung vorgestellt. Im Zusammenhang mit dem Forschungsprojekt wurde auch das Software-Tool „Gesundheits-BSC" entwickelt, das unter www.gesundheits-bsc.de heruntergeladen werden kann.

2.12 Nutzen von betrieblichem Gesundheitsmanagement
BETRIEBSWIRTSCHAFTLICHE PLANUNG

Es gibt zahlreiche Studien, die belegen, dass Maßnahmen im Bereich der betrieblichen Gesundheitsförderung einen wirtschaftlichen Nutzen für das Unternehmen haben. Studien wie die von Chapman 2012[43] unterscheiden dabei den Einfluss auf die Krankheitskosten und die krankheitsbedingten Fehlzeiten (Absentismus) der Beschäftigten. Für beide Parameter werden Kosten-Nutzen-Relationen von durchschnittlich 1:3 angegeben, wobei die Einsparungen bei den Krankheitskosten teilweise noch positiver bewertet werden (bis zu 1:5,9). Mehrere Metaanalysen von Studien kommen zu dem Schluss, dass sich eine durchschnittliche Senkung der krankheitsbedingten Fehlzeiten sowie der Kosten für Berufsunfähigkeit und der medizinischen Kosten von ca. 25 % erreichen läßt.[44]

Auch für einzelne Maßnahmen der Gesundheitsförderung ist die Wirksamkeit durch Studien gut belegt. Ein Beispiel ist die arbeitsplatzbezogene Rückenschule mit der Vermittlung von Arbeitstechniken und einer ergonomischen Arbeitsplatzumgestaltung, vorausgesetzt, die Maßnahmen wurden häufig eingesetzt und über einen langen Zeitraum regelmäßig wiederholt.[45] Von der Deutschen Gesetzlichen Unfallversicherung wurde 2009 ein Teilprojekt der Studie „Qualität in der Prävention" [46] veröffentlicht, die den Nutzen betrieblicher Investitionen in den Arbeitsschutz zum Thema hat. Dabei wurde unter anderem eine Kennziffer entwickelt für das „ökonomische Erfolgspotenzial", das Prävention schafft, den sog. „Return on Prevention" (ROP). Für die in die Untersuchung einbezogenen Unternehmen liegt der Return on Prevention bei 1,6. Das heißt: Ein in den Arbeitsschutz investierter Euro bewirkt ein wirtschaftliches Erfolgssteigerungspotenzial in Höhe von 1,60 Euro. Die befragten Unternehmen waren eine Positivauswahl, da sie bereits in Prävention investier-

---

43 Vgl. *Chapman, L.*, 2012.
44 Vgl. *Pieper, C.; Schröer, S.*, 2015.
45 Vgl. *Stößel/Michaelis/Nübling/Hofmann*, 1998.
46 Vgl. *Bräunig*, 2008.

ten; damit dürfte der Effekt für Unternehmen, die bisher noch nicht viel in die Prävention investiert haben, noch deutlich besser ausfallen. Eine wichtige Erkenntnis der Studie ist, dass durch betriebliche Investitionen in den Arbeitsschutz „unmittelbar eine Reduzierung von Gefährdungen und Unfällen sowie mittelbar ein Anstieg des Gefährdungsbewusstseins und eine positive Änderung der Betriebskultur" zu beobachten ist.

BGM NACH BRANCHEN

Alle genannten Beispiele (siehe Tabelle 2-3 auf Seite 98) zeigen, dass Investitionen in Arbeitsschutz und Gesundheitsförderung einen positiven Effekt haben, der sich auch aber nicht nur betriebswirtschaftlich bemerkbar macht. Unternehmen, die ihr BGM durch nicht monetäre Kennzahlen steuern und bewerten wollen, haben mit der Gesundheits-Balanced Scorecard die Möglichkeit dazu.

NUTZEN FÜR DIE UNTERNEHMENSKULTUR

Die Effekte von Maßnahmen im Gesundheitsmanagement gehen über eine reine Kostenersparnis weit hinaus. In den Branchen mit Fachkräftemangel (z.B. Ingenieurberufe) ist schon jetzt festzustellen, dass Mitarbeiter bei der Wahl eines neuen Arbeitgebers kritisch hinterfragen, ob es Rahmenbedingungen gibt, die die Vereinbarkeit von Familie und Beruf ermöglichen und welche Möglichkeiten der beruflichen Weiterentwicklung vorhanden sind.

Gesundheitsfördernde und wertschätzende Führung, ergonomisch gestaltete Arbeitsplätze und Angebote, die Vereinbarkeit von Familie und Beruf fördern, sind bei der Personalrekrutierung ein Wettbewerbsvorteil und sorgen für einen Imagegewinn im Außenauftritt. Aber auch langjährige Mitarbeiter honorieren gesundheitsfördernde Rahmenbedingungen mit Motivation und Leistung.

2.13 Beispiele für idealtypische BGM-Prozesse
BEISPIEL: EINE KLINIK MIT HOHER MITARBEITERFLUKTUATION
Vorgehensweise
a) Strategieentwicklung

Die Klinikleitung formuliert als strategisches Gesundheitsziel, die Fluktuation beim ärztlichen Personal von 30 % auf 20 % senken zu wollen. Dazu will sie ein betriebliches Gesundheitsmanagement einführen. Sie vereinbart mit der Mitarbeitervertretung die Eckpunkte in

Branchen	Analyse						Aktion								Bewertung	
	Gesundheitsbericht	Mitarbeiterbefragung	Analyse der psychischen Belastungen	Analyse der psychischen Beanspruchungen	Demographieanalyse	Ergonomieanalyse	BGM Workshop für Führungskräfte	Gesundheitstag	externe Mitarbeiterberatung	Maßnahmen zur Gesundheitsförderung	Check-up Untersuchungen für Führungskräfte	arbeitsplatzbezogenes Ergonomietraining	Betriebliches Eingliederungsmanagement	Coaching	Gesundheitsbericht	Balanced Score Card
Land- und Fortwirtschaft	□	□	□	□	□	●	●	◇	□	□	□	●	□	□	□	□
Bergbau, Gewinnung von Steine und Erden	□	□	□	□	□	●	●	◇	□	□	□	●	□	□	□	□
Verarbeitendes Gewerbe	□	□	□	□	□	●	●	◇	□	□	□	●	□	□	□	□
Energieversorgung	□	□	□	□	□	●	●	◇	□	□	□	●	□	□	□	□
Wasserversorgung, Abfall- und Abwasserentsorgung	□	□	□	□	□	●	●	◇	□	□	□	●	□	□	□	□
Baugewerbe	□	□	□	□	□	●	●	◇	□	□	□	●	□	□	□	□
Handel	□	□	●	□	□	●	●	◇	□	□	□	●	□	□	□	□
Verkehr und Lagerei	□	□	□	●	□	●	●	◇	●	□	□	●	□	□	□	□
Information und Kommunikation	□	□	□	□	□	□	●	◇	●	□	□	□	□	□	□	□
Finanz- und Versicherungsdienstleistungen	□	□	□	□	□	□	●	◇	●	□	□	□	□	□	□	□
Wissenschaftliche und technische Dienstleistungen	□	□	□	□	□	□	●	◇	□	□	□	□	□	□	□	□
Öffentliche Verwaltung	□	□	●	●	□	□	●	◇	●	□	□	□	□	□	□	□
Erziehung und Unterricht	□	□	●	●	□	□	●	◇	●	□	□	□	□	□	□	□
Gesundheits- und Sozialwesen	□	□	●	●	□	●	●	◇	●	□	□	●	□	□	□	□
Kunst, Unterhaltung und Erholung	□	□	□	□	□	□	●	◇	□	□	□	□	□	□	□	□
Sonstige Dienstleistungen	□	□	□	□	□	□	●	◇	□	□	□	□	□	□	□	□

Tabelle 2-3: BGM nach Branchen

Legende: □ = grundsätzlich zu empfehlen / ● = wegen i.d.R. erhöhter Belastungen besonders zu empfehlen / ◇ = eingeschränkt zu empfehlen

Form einer Betriebsvereinbarung. Gleichzeitig legt sie eine Kommunikationsstrategie fest, um die Mitarbeiter fortlaufend über die Gesundheitsziele, die dafür geplanten Projekte und die Ergebnisse zu informieren.

b) Festlegung der Beteiligten

Es wird ein Steuerkreis Gesundheit eingerichtet. Mitglieder sind Betriebsarzt, Sicherheitsfachkraft, Betriebs-(Personal-)rat, ggf. Betriebspsychologe oder Sozialberatung sowie der Leiter des Bereichs Personal als Arbeitgebervertreter.

c) Idealentwicklung – Definition von Gesundheitszielen

In einem oder mehreren Workshops werden Ideale zum Thema Gesundheit des Unternehmens formuliert. Zum Beispiel wird die Mitarbeitergesundheit mit in das Leitbild des Unternehmens mit aufgenommen:

„Für unsere Klinik ist nicht nur die Gesundheit unserer Patienten, sondern auch die Gesundheit unserer Mitarbeiter ein wichtiger Wert, ein gesundheitsförderndes Verhalten der Mitarbeiter wird aktiv unterstützt".

d) Ist-Analyse

Es folgt die Analyse der Gesundheitssituation des Unternehmens. Dazu werden bereits vorhandene Daten aus dem Bereich Personal (Arbeitsunfähigkeitstage, Fluktuation, Altersdurchschnitt usw.) und die Gefährdungsbeurteilung ausgewertet. Betriebsarzt, Sicherheitsfachkraft, Betriebsrat und Personalleiter führen auf mehreren Stationen Begehungen durch, um sich von der Arbeitssituation vor Ort ein Bild zu machen. Dabei stellt sich heraus, dass wegen Personalmangel und hoher Arbeitsbelastung viele Pflegekräfte und Ärzte keine Zeit haben, die Station für eine Mittagspause zu verlassen. Außerdem herrscht ein scharfer Umgangston zwischen den Mitarbeitern.

e) Diskrepanzanalyse

Worin unterscheiden sich die formulierten Ideale von der Realität? Welche Punkte haben hohe Priorität und Dringlichkeit?

Die Analyse der Daten ergibt in den Abteilungen der Inneren Medizin eine hohe Fluktuation und eine hohe Anzahl von Mehrarbeitsstunden. Insbesondere die Teilzeitkräfte haben sehr viele Mehrarbeitsstunden.

f) Aktion

Auf Empfehlung des Steuerkreises Gesundheit wird eine Mitarbeiterbefragung in allen Abteilungen der Inneren Medizin durchgeführt. Dabei werden Ärzte und Pflegepersonal befragt. Das Ergebnis ist eine hohe Unzufriedenheit der Mitarbeiter, weil Zuständigkeiten nicht klar geregelt sind, weil die ärztlichen Fort- und Weiterbildungsmöglichkeiten schlecht bewertet werden und weil ein enormer Dokumentationsaufwand bei Pflegepersonal und Ärzten die Arbeit am Patienten einschränkt und weil eine zunehmende Arbeitsbelastung besteht.

Im Anschluss werden halbtägige moderierte Workshops für die Stationen angeboten, in denen die Mitarbeiter konkretisieren, welchen Änderungsbedarf sie sehen. Die Oberärzte der Abteilungen nehmen ebenfalls an den Workshops teil.

Ergebnis der Workshops:

- Die Oberärzte werden zusammen mit drei Weiterbildungsassistenten kurzfristig einen Weiterbildungsplan erarbeiten.

- Es sollen zukünftig wenigstens alle sechs Monate Weiterbildungsgespräche zwischen Oberarzt und Weiterbildungsassistenten erfolgen.

- Für alle Stationen werden zunächst wöchentliche Teammeetings (45 min) abwechselnd in der Früh- und Spätschicht mit Ärzten und Pflegepersonal beschlossen, um die Zusammenarbeit zu strukturieren; in den ersten 6 Wochen sollen die Teammeetings moderiert stattfinden; die Ergebnisse der Teammeetings werden in einem Ergebnisprotokoll dokumentiert.

- Mit Unterstützung der Oberärzte wird bei der Klinikleitung beantragt, die Stationen zusätzlich mit einer Dokumentationsassistenz zu besetzen, um Ärzte und Pflegepersonal zu entlasten.

Bei der nächsten Betriebsversammlung werden die Ergebnisse der Workshops vorgestellt, inzwischen hat die Klinikleitung je Station eine 25 % Stelle Dokumentationsassistenz genehmigt.

g) Bewertung (Evaluation)

Ein Jahr nach der ersten Datensichtung wird eine erneute Mitarbeiterbefragung durchgeführt. Ein Ergebnis ist, dass sich die Zusammenarbeit auf den Stationen verbessert hat. Immer noch schlecht bewertet wird die strukturierte Fort- und Weiterbildung. Ein leichter Rückgang der Fluktuation ist für das zweite Halbjahr des Beobachtungszeitraums zu verzeichnen. Realistisch betrachtet sind aber 12 Monate zu kurz, um zu beurteilen, ob die durchgeführten Maßnahmen greifen und die richtigen sind.

h) Verbesserung

Das Team, das den Weiterbildungsplan erarbeitet hat, trifft erneut unter Moderation zusammen und analysiert, welche vereinbarten Maßnahmen umgesetzt wurden und welche nicht. Es stellt sich heraus, dass zwar regelmäßige Termine festgelegt wurden, die aber häufig ausfallen mussten, weil durch Dienstplanänderungen entweder der Weiterbilder oder aber die Assistenten nicht teilnehmen konnten. Die Maßnahme wird angepasst, indem zukünftig die Planung durch die Person erfolgt, die auch die Dienstplangestaltung macht.

BEISPIEL: EIN VERKEHRSBETRIEB MIT EINER ZUNAHME AN CHRONISCHEN ERKRANKUNGEN

a) Strategieentwicklung

In einem städtischen Verkehrsbetrieb ist in den letzten 3 Jahren eine massive Zunahme an Busfahrern mit Leistungseinschränkungen durch chronische Erkrankungen festzustellen.

Die Betriebsleitung formuliert als strategisches Gesundheitsziel, die Arbeitsunfähigkeitstage ihrer Busfahrer von 10 % auf 5 % zu senken.

b) Festlegen der Beteiligten

Es besteht bereits ein Steuerkreis Gesundheit. Mitglieder sind Betriebsarzt, Sicherheitsfachkraft, Betriebsrat, Sozialberatung sowie ein Vertreter der Geschäftsführung.

c) Idealentwicklung – Definition von Gesundheitszielen

Der Betriebsleiter und der Leiter des Bereichs Personal nehmen an einem Workshop der zuständigen Berufsgenossenschaft zum Thema Betriebliches Gesundheitsmanagement teil. Inhalte des Seminars: Wie erhält man Mitarbeiter gesund und wie kann man die Anwesenheitsquote verbessern? Im Anschluss werden Gesundheitsziele formuliert, die auch bei der Rekrutierung neuer Mitarbeiter nach außen kommuniziert werden sollen, z.B.: „Wir wollen gesunde Mitarbeiter, um die Sicherheit im Personennahverkehr zu gewährleisten".

d) Ist-Analyse

Es folgt die Analyse der Gesundheitssituation des Unternehmens. Der Bereich Personal hat in den vergangenen zwei Jahren viele Atteste von Mitarbeitern erhalten, in denen Nachtarbeit oder Mehrarbeit aus gesundheitlichen Gründen ausgeschlossen wurde. Die Arbeitsunfähigkeitsquote liegt weit über dem branchenüblichen Durchschnitt bei 11 %. Das Durchschnittsalter der Busfahrer liegt bei 54 Jahren, in den nächsten 5 Jahren werden 15 % der Mitarbeiter das Renteneintrittsalter erreichen. In den letzten Jahren wurden keine jungen Mitarbeiter eingestellt. Es gibt eine hohe Anzahl an Mehrarbeitsstunden. Gruppeninterviews mit den Busfahrern ergeben, dass viele sich am Rande ihrer körperlichen Belastbarkeit sehen, insbesondere die Erholungszeiten nach den Spätschichten werden als zu kurz beurteilt und es wird die mangelnde Möglichkeit für Pausen beklagt. Einige Mitarbeiter spielen mit dem Gedanken, aufgrund der hohen Arbeitsanforderungen auch ohne Regelungen für einen vorgezogenen Ruhestand ggf. unter Inkaufnahme von Rentenkürzungen vorzeitig aus dem Unternehmen auszuscheiden.

e) Diskrepanzanalyse

Worin unterscheiden sich die formulierten Ideale von der Realität? Welche Punkte haben hohe Priorität und Dringlichkeit?

Die Ist-Analyse zeigt, dass viele Mitarbeiter mit der Arbeitsorganisation (Mehrarbeit, Pausenregelungen) unzufrieden sind. Dazu kommt, dass bei einem hohen Durchschnittsalter zusätzlich viele Mitarbeiter bereits gesundheitliche Einschränkungen haben, die ihre Einsatzfähigkeit einschränken. Aufgrund der demografischen Situation im Unternehmen und der gesundheitlichen Einschränkungen ist zu befürchten, dass in den nächsten Jahren nicht nur die ausscheiden, die die Altersgrenze erreicht haben, sondern zusätzlich weitere, die sich den Anforderungen nicht mehr gewachsen fühlen. Damit droht ein massiver Verlust von unternehmensspezifischer Erfahrung.

f) Aktion

Der Steuerkreis Gesundheit entscheidet, dass die Themen Nachwuchsrekrutierung und Arbeitsorganisation der Busfahrer mit höchster Priorität behandelt werden sollen. Dazu werden zwei Arbeitsgruppen eingerichtet. Die eine Arbeitsgruppe, bestehend aus dem Personalleiter, dem Ausbildungsleiter für die Busfahrer und zwei langjährigen Busfahrern, erhält den Auftrag, ein Konzept für Personalrekrutierung zu erarbeiten. Die zweite Arbeitsgruppe soll ein Konzept für eine Dienstplangestaltung erarbeiten, dergestalt, dass ausreichende Erholungszeiten und Pausen umsetzbar sind. Über diese Maßnahmen informiert die Geschäftsführung bei einer Betriebsversammlung. Dabei werden die Mitarbeiter ausdrücklich aufgefordert, eigene Ideen mit einzubringen.

Die Arbeitsgruppe Dienstplangestaltung schlägt vor, eine Software gestützte Dienstplangestaltung mit Wunschdienstplänen einzuführen. Dazu wird eine auf dem Markt erhältliche Standardsoftware angeschafft. Das Programm sieht vor, dass jeder Busfahrer seine Wünsche selbst in das Programm eingibt. Das EDV-Programm stellt eine gerechte Verteilung der Wunscherfüllung bzw. -ablehnung sicher. Ein Mitarbeiter aus der IT wird in den ersten Monaten bei Bedarf bei der Eingabe behilflich sein. Bei den ersten Probeläufen des Systems wird schnell klar, dass Wunschdienstpläne alleine keine ausreichenden Erholungszeiten sicherstellen. Es wird zusätzlich ein Arbeitszeitmodell erarbeitet, dass den Älteren ab einem Alter von 58 Jahren eine geringere Wochenarbeitszeit ermöglicht; entweder dadurch, dass in früheren Jahren Zeiten durch Mehrarbeit angespart werden oder durch geringe Gehaltskürzungen.

Zusätzlich werden auf Anregung des Betriebsarztes Gruppenworkshops mit einer Ernährungsberaterin angeboten, die für eine ernährungsphysiologisch sinnvolle Pausenverpflegung Anleitung geben soll. Zu diesen Workshops werden die Partner/innen mit eingeladen, weil sie in der Regel das Paket für die Tagesverpflegung erstellen.

g) Bewertung (Evaluation)

Ein Jahr nach der ersten Datensichtung werden die Daten erneut erhoben und mit den Ausgangswerten verglichen. Im konkreten Fall: Wie haben sich die Fluktuation und die Leistung der Mitarbeiter entwickelt? Im Idealfall wird man bereits nach 12 Monaten einen positiven Effekt der Maßnahmen sehen können. Realistisch betrachtet sind aber 12 Monate häufig zu kurz, um zu beurteilen, ob die Maßnahmen greifen und die richtigen sind.

h) Verbesserung

Im optimalen Fall verändert sich die Unternehmenskultur hin zu einer mehr gesundheitsorientierten Kultur (Erfüllung des Leitbildes). Abhängig davon, wie gut man die formulierten Ideale schon erreicht hat, werden die Maßnahmen angepasst oder ergänzt.

2.14 Betriebliches Gesundheitsmanagement in Klein- und Mittelbetrieben (KMU)

Nach Angaben des statistischen Bundesamtes sind in Deutschland 99 % aller Betriebe Klein- und mittelständische Unternehmen und beschäftigen ca. 60 % der Erwerbstätigen[47].

Der TÜV Rheinland hat in einer 2014 veröffentlichten Risikostudie über den deutschen Mittelstand festgestellt, dass mittelständische Unternehmen unter anderem in den Bereichen Umwelt, Mitarbeitersicherheit und -gesundheit keine Risiken und keinen Handlungsbedarf sehen, ausgerechnet dort, wo sie Spielraum für individuelle Einflussmöglichkeiten hätten. Ziel der Studie war, herauszufinden, welche Risiken in mittelständischen Unternehmen wahrgenommen werden, wie solche Risiken eingeschätzt werden und wie Risikomanagement stattfindet.[48] Legt man die Ergebnisse der TÜV Rheinland Studie zugrunde, muss man davon ausgehen, dass es in vielen KMU erhebliche Wissensdefizite über die Möglichkeiten gibt, durch Einflussnahme auf

---

47 Vgl. *Söllner, R.,* 2011.
48 Vgl. *TÜV Rheinland,* 2014.

Arbeitssicherheit und Mitarbeitergesundheit den Betrieb zukunftsfähig zu gestalten.

KMU unterscheiden sich von Großunternehmen unter anderem dadurch, dass für den Arbeitsschutz und die Mitarbeitergesundheit wichtige Strukturen und Akteure nur bedingt vorhanden oder nur sporadisch anwesend sind (z.B. Betriebsarzt, Fachkraft für Arbeitssicherheit). In der Regel fehlt die Sachkunde, um ein betriebliches Gesundheitsmanagement einzuführen. Zusätzlich mangelt es den Verantwortlichen an zeitlichen und finanziellen Ressourcen, um sich mit dem Thema zu beschäftigen. Empfehlungen zur Einführung von BGM, insbesondere mit den unterschiedlichen Akteuren in Großunternehmen, sind daher auf KMU nur bedingt übertragbar. Allerdings sind gerade mittlere und kleine Unternehmen mit den Herausforderungen des demografischen Wandels und des Fachkräftemangels konfrontiert und müssten eigentlich alles daran setzen, ihre Mitarbeiter gesund und leistungsfähig zu erhalten. Dabei haben KMU durchaus auch strukturelle Vorteile, Gesundheitsthemen aufzugreifen. In der Regel sind die Kommunikationswege kurz, Entscheidungen können schneller und flexibler getroffen werden und zumindest in den kleinen Unternehmen kennt der Unternehmer seine Mitarbeiter persönlich und damit ihre Stärken, ihre gesundheitlichen Einschränkungen und ihre Sorgen. Im KMU entscheidet die Einstellung des Unternehmers zum Thema Gesundheit darüber, ob Maßnahmen zur betrieblichen Gesundheit umgesetzt werden.

Das Institut für Arbeits-, Sozial- und Umweltmedizin der Johannes Gutenberg-Universität Mainz hat 2013 in einem Projekt beleuchtet, welche Möglichkeiten und Probleme KMU bei der Einführung und Umsetzung von BGM haben[49]. Mittels einer online-Befragung wurde in über 700 rheinlandpfälzischen Betrieben erhoben, ob Maßnahmen zur Gesundheitsförderung angeboten werden und, wenn ja, welche Maßnahmen. Dabei fanden sich deutliche Unterschiede je nach Größe der befragten Unternehmen und abhängig von der Branche. In mittelständischen Betrieben mit 50–249 Mitarbeitern waren in über 50 % der Betriebe gesundheitsfördernde Maßnahmen vorhanden, während nur ca. 37 % der Kleinbetriebe (10–49 Beschäftigte) und nur ca. 17 % der Kleinstbetriebe (1–9 Beschäftigte) derartige Maßnahmen anboten. Bei der branchenbezogenen Betrachtungsweise bot der öffentliche Dienst am häufigsten gesundheitsfördernde Maßnahmen an (51 % der Betriebe), während sich in der Baubranche nur bei 6,6 % der Betriebe Maßnahmen zur Gesundheitsförderung fanden.

---

49 Vgl. *Kayser, K.; Zepf, K.I.; Claus, M.*, 2013.

Anhand der Prozessschritte des BGM-Prozesses (vgl. Kap. 2.10) soll im Folgenden dargestellt werden, welche Möglichkeiten KMU haben, Arbeit gesundheitsfördernd zu gestalten.

Analyse:

Im Kapitel 2.10 wurden die möglichen Datenquellen genannt, die sich zur Analyse der „Gesundheit des Unternehmens" eignen, nämlich

- Arbeitsplatzanalysen,
- Gesundheitsbericht der Krankenkassen,
- Daten aus dem Bereich Personal (Fehlzeiten, Fluktuation, Demografie Daten),
- Daten aus den arbeitsmedizinischen Vorsorgeuntersuchungen,
- Daten aus der Gefährdungsbeurteilung,
- Daten aus Mitarbeiterbefragungen.

Je nach Größe des KMU stehen diese Daten nur zum Teil oder gar nicht zur Verfügung. Erfahrungsgemäß liegen in KMU eher selten Daten zu Arbeitsplatzanalysen vor. Für einen Gesundheitsbericht der Krankenkasse müssen aus Datenschutzgründen bestimmte Voraussetzungen erfüllt sein; man braucht mindestens 70 Beschäftigte, die bei der gleichen Krankenkasse versichert sind, um eine Auswertung zu bekommen. Damit kommt dieses Instrument in der Regel für Betriebe bis 100 Mitarbeiter nicht in Frage.

Personaldaten hingegen liegen in der Regel vor. Daten aus arbeitsmedizinischen Vorsorgeuntersuchungen sind vorhanden, sofern der Unternehmer diese beauftragt hat. Das ist laut online-Befragung der rheinlandpfälzischen Unternehmen[50] bei ca. 70 Prozent der mittleren Unternehmen der Fall, aber nur bei knapp 40 Prozent der Kleinunternehmen und bei nur 28 % der Kleinstunternehmen. Eine Gefährdungsbeurteilung ist in Klein-und Kleinstunternehmen bei weniger als 50 % der Betriebe vorhanden[51].

Laut online-Befragung der rheinlandpfälzischen Unternehmen führen immerhin ca. 47 % Mitarbeitergespräche oder Mitarbeiterbefragungen durch. Allerdings sind auch hier, ähnlich wie bei einem Gesundheitsbericht der Krankenkassen, bei der Datenerhebung im Rahmen des Datenschutzes Untergrenzen zu beachten. In der Regel ist bei einer Zahl von weniger als 20 Befragten der Datenschutz nicht mehr gewährleistet.

---

50 Vgl. *Kayser, K.; Zepf, K. I.; Claus, M.*, 2013
51 Vgl. *Sczesny, C.; Keindorf, S.; Droß, P.*, 2011.

Ein Unternehmer eines kleinen Unternehmens erhält also am ehesten eine aussagekräftige Analyse der Gesundheit seiner Beschäftigten aus:

– der Gefährdungsbeurteilung
– den Empfehlungen aus der arbeitsmedizinischen Vorsorge
– dem direkten Feedback der Mitarbeiter, z.B. aus Mitarbeitergesprächen
– seinen eigenen Erkenntnissen zu Fluktuation und Arbeitsunfähigkeit im Betrieb.

Die Durchführung der klassischen Maßnahmen des Arbeitsschutzes, nämlich Gefährdungsbeurteilung und arbeitsmedizinische Vorsorge, sollte daher eine hohe Priorität haben. Eine zusätzliche Möglichkeit der Bewertung bietet der INQA-Unternehmens-Check „Guter Mittelstand"[52]. Unternehmer haben auf einer online Plattform die Möglichkeit, einen Selbst-Check in 11 verschiedenen Handlungsfeldern aus dem Wertschöpfungsprozess ihres Unternehmens durchzuführen. Drei Handlungsfelder greifen Themen der betrieblichen Gesundheit auf, nämlich Führung, Unternehmenskultur und Personalentwicklung.

Aktion: Je kleiner das Unternehmen, desto schwieriger wird es sein, die einzelnen Prozessschritte des PDCA-Zyklus (Plan-Do-Check-Act) strukturiert zu bearbeiten. Für den Unternehmer eines kleinen Betriebs macht es aus Kapazitätsgründen Sinn, die Erkenntnisse zu priorisieren und sich auf die wichtigsten zu fokussieren.

BEST PRACTICE BEISPIEL

Handlungsfeld körperliche Belastungen

Insbesondere in gewerblichen Betrieben sind Arbeiten mit hohen körperlichen Belastungen noch an der Tagesordnung, z.B. Tätigkeiten mit schwerem Heben und Tragen (Handwerksberufe, aber auch ambulante Pflegedienste). Beschäftigte mit Erkrankungen des Bewegungsapparates, aber auch Personen mit chronischen Erkrankungen gelangen in diesen Berufsfeldern schnell an die Grenze ihrer Belastbarkeit und fallen dann häufig auch für einen längeren Zeitraum aus.

---

52 Vgl.   http://www.inqa-unternehmenscheck.de/check/daten/mittelstand/
index.htm.

Mögliche Maßnahmen:

■ Bereitstellung von Hilfsmitteln, z.b. Knieschützer im Handwerksbereich, Hilfsmittel zur Bewegung von Patienten in der Pflege

■ Beratungskompetenz des Betriebsarztes bezüglich BEM und Reha bei chronisch kranken Mitarbeitern einfordern

■ Optimierung der ergonomischen Gestaltung der Arbeitsplätze, Expertise von Betriebsarzt und Fachkraft für Arbeitssicherheit in Anspruch nehmen, ggf. auch der zuständigen Unfallversicherung

■ Prüfung, ob § 20a Maßnahmen der Krankenkassen sinnvoll sind und in Anspruch genommen werden können.

Handlungsfeld chronisch kranke Mitarbeiter

Mitarbeiter mit chronischen Erkrankungen können unabhängig von der Branche zu einer Belastungsprobe des Unternehmers werden. Als fiktives Beispiel sei hier ein LKW-Fahrer in einem Logistik-Unternehmen genannt, der ein chronisches Rückenleiden hat. Er ist wegen einez Bandscheibenvorfalls bereits für 4 Monate arbeitsunfähig gewesen. Der Mitarbeiter fährt Tagestouren und fällt immer wieder wegen Rückenschmerzen krankheitsbedingt aus. Nach seinen Angaben ist das lange Sitzen im LKW für seine Beschwerden mit verantwortlich.

Mögliche Maßnahmen:

■ Einschalten des Betriebsarztes zwecks Gesundheitsberatung des Mitarbeiters; der Betriebsarzt kann prüfen, ob die bisher ergriffenen Maßnahmen wie Krankengymnastik oder medikamentöse Therapie ausgeschöpft sind, ob ggf. eine Reha sinnvoll wäre.

■ Prüfung, ob ggf. Maßnahmen zur Teilhabe am Arbeitsleben in Frage kommen (siehe auch Kapitel 4). Unter bestimmten Voraussetzungen kann über den zuständigen Versicherungsträger (Rentenversicherung oder Agentur für Arbeit) z.B. ein geeigneter Fahrersitz für den LKW beschafft werden.

Handlungsfeld Psychische Belastung

Die gesundheitliche Situation der Beschäftigten in der Altenpflege ist durch eine hohe Fehlzeitenquote und einen subjektiv als schlecht empfundenen Gesundheitszustand gekennzeichnet. Die wesentlichen Ursachen sind Zeitdruck und geringe Arbeitszufriedenheit.[53] Die Berufsgenossenschaft Gesundheitsdienst und Wohlfahrtspflege hat in dem Projekt „Aufbruch Pflege" die konkreten Arbeitsbelastungen analysiert und bietet den bei ihr versicherten Betrieben einerseits Hil-

---

53 Vgl. Aufbruch Pflege, 2007.

festellung bei der Analyse der Arbeitssituation an; andererseits haben sie branchenspezifische Maßnahmen zusammengetragen, um Betriebe bei der Verbesserung ihrer Organisations- und Personalstruktur zu unterstützen. Die Maßnahmen können von Betrieben eigenständig, kostengünstig und mit vertretbarem Aufwand umgesetzt werden. Es werden z.B. Informationsbroschüren zu typischen beruflichen Belastungen für Mitarbeiter angeboten, Instrumente zur Personalentwicklung und zur Qualitätssicherung. Nähere Informationen findet man im Internetauftritt der BGW und dem Stichwort „Aufbruch Pflege". Die Anregungen sind zum Teil auf andere Berufsgruppen im Dienstleistungssektor übertragbar.

Abschließend noch einige Hinweise zum BGM in Kleinstbetrieben, also in Unternehmen mit weniger als 10 Beschäftigten.

Selbst wenn in Kleinstunternehmen Basisstrukturen des Arbeitsschutzes vorhanden sind, werden Fachkraft für Arbeitssicherheit und Betriebsarzt nur in großen zeitlichen Abständen vor Ort sein. Der Unternehmer ist für seine Mitarbeiter nicht nur der fachliche Ansprechpartner für die Organisation der Arbeit und die Arbeitsinhalte, sondern auch für alle Fragen des Arbeits- und Gesundheitsschutzes und muss je nach Fragestellung eine für seinen Betrieb praktikable Lösung finden. Oft ist die Zahl der zu bearbeitenden Themen so groß, dass eine Priorisierung schwer fällt. In hohem Maße wird die Präsenz und Leistungsfähigkeit des Unternehmers gefordert. Eine wichtige Maßnahme der Gesundheitsförderung im Kleinstunternehmen ist daher, dass sich der Unternehmer ausreichend um die eigene Gesundheit kümmert. Das bedeutet unter anderem, gesundheitliche Beschwerden ernst zu nehmen und abklären zu lassen, bei Vorliegen chronischer Erkrankungen regelmäßige Kontrollen wahrzunehmen, akute Erkrankungen auszukurieren und die eigene Leistungsfähigkeit mit einem Mindestmaß an sportlicher Betätigung zu erhalten. Denn wenn der Unternehmer aus Krankheitsgründen ausfällt, ist schnell die gesamte Existenz des Betriebes gefährdet.

Ein weiterer wichtiger Punkt im Kleinstbetrieb im Themenfeld Gesundheit ist die Umsetzung der notwendigen Maßnahmen im Arbeitsschutz. Jeder Arbeitsunfall mit daraus resultierender Arbeitsunfähigkeit trifft einen Kleinstbetrieb hart, da wenig personelle Ressourcen vorhanden sind, um einen Ausfall zu kompensieren. Die Organisation des Arbeitsschutzes, das Benutzen von persönlicher Schutzausrüstung und die Unfallverhütung sollte daher hohe Priorität haben.

Befragt man Beschäftigte, was für Sie am Arbeitsplatz Kriterien sind, um sich wohl zu fühlen[54], werden folgende Punkte aufgezählt:

- festes, verlässliches Einkommen
- Anerkennung/Wertschätzung
- unbefristete Beschäftigung
- Möglichkeit, fachliche und kreative Fähigkeiten in die Arbeit einbringen und entwickeln zu können
- Gutes soziales Klima mit Kollegen und Vorgesetzten:

Gelingt es dem Unternehmer im Kleinstunternehmen mit seinen Beschäftigten wertschätzend umzugehen, ihnen Anerkennung für Ihre Leistung auszusprechen, sie ihren Fähigkeiten entsprechend einzusetzen und ein gutes Betriebsklima zu schaffen, hat er schon viel für den Erhalt der Gesundheit und die Leistungsfähigkeit seiner Mitarbeiter getan.

Gut fürs Betriebsklima sind z.B. gemeinsame Aktivitäten wie Betriebsausflug, Kegelabend oder Weihnachtsfeier und freiwillige Leistungen wie Bereitstellen von Arbeitskleidung, ansprechende Gestaltung von Pausenräumen oder Geschenke zu Jubiläen.

Zusammenfassend sind für ein BGM im Kleinstbetrieb die folgenden Punkte entscheidend:

– die Gesundheit des Unternehmers
– Umsetzung der notwendigen Maßnahmen im Arbeitsschutz
– Wertschätzung der Mitarbeiter
– Förderung eines guten Betriebsklimas.

Um Anregungen für geeignete Maßnahmen zur Förderung von Gesundheit und Leistungsfähigkeit der Beschäftigten zu bekommen, können Unternehmernetzwerke, z.B. die regionalen Handwerkskammern, genutzt werden.

---

54 Vgl. INQA Bericht 19, 2008.

3. Führung und Gesundheit

3.1 Einführung

Die umfassenden Veränderungen der Arbeitswelt und die mit ihr einhergehenden arbeitsbedingten Belastungen der Beschäftigten, insbesondere im psychischen Bereich, waren in den vergangenen Jahren regelmäßig Gegenstand der öffentlichen Berichterstattung.[55] „Psychische Belastungen nehmen kontinuierlich zu." Diese Aussage in den Medien basiert meist auf statistischen Auswertungen der Krankenkassen, durch politische Arbeitsgruppen oder Initiativen (siehe z.B. Initiative Neue Qualität der Arbeit, INQA). Zusammenhänge zwischen chronischem Stress und Absentismus, Kündigungen, reduzierter Produktivität am Arbeitsplatz sowie erhöhtem Risiko für Herzerkrankungen, Diabetes Mellitus Typ 2, Asthma, Schlafstörungen, Depressionen und psychischen Erschöpfungszuständen sind wissenschaftlich gut belegt.[56] Es ist weiterhin unbestritten, dass die Anforderungen an Mitarbeiter und Unternehmen durch Leistungsverdichtungen und wachsenden ökonomischem Druck stetig steigen.

Abbildung 3-1 zeigt anhand des Stressreports der Bundesregierung 2012 aus einer Befragung von über 17.000 Führungskräften und Mitarbeitern die bewertete Stresszunahme in Prozent und bestätigt, dass auch subjektiv die Beanspruchung (s.u.) weiter ansteigt. Dies erhöht die Wahrscheinlichkeit für das Auftreten psychosozialer Beschwerden mit der Folge langer und teurer Fehlzeiten.[57] Die Unternehmen sind mit krankheitsbedingten Ausfallkosten, Präsentismus, Innovationsbremsen, Produktionsausfällen und hoher Fluktuation von High Potentials konfrontiert. Was einen regelrechten Boom des Gesundheitsmanagements nach sich gezogen hat. Ein zentrales Problem vieler praktischer Ansätze ist jedoch nach wie vor ihre pauschale, nicht strategisch ausgerichtete Anwendung sowie die mangelnde Nachhaltigkeitskontrolle, gerade im Umgang mit psychischen Fehlbeanspruchungen.[58] Woher kommen diese und vor allem was kann man dagegen tun? Dies sind die zentralen Fragen der Zeit für die verschiedene wissenschaftliche Erklärungsansätze existieren. Nachfolgend sollen diese

---

55 Vgl. *Kastner, M.; Schmidt, B.*, 2011.
56 Vgl. *Mauss, D.; Li, J.; Schmidt, B.; Angerer, P.; Jarczok, M.N.*, 2015.
57 Vgl. *Schmidt, B.; Kastner, M.*, 2011.
58 Vgl. *Schmidt, B.*, 2014.

Fragen im Rahmen des Arbeitskontextes aufgegriffen und mit einem der wichtigsten Instrumente zur Prävention, dem betrieblichen Gesundheitsmanagement, inhaltlich wie strategisch verknüpft werden.

	Führungs-kräfte (männlich)	Führungs-kräfte (weiblich)	Führungs-kräfte gesamt	Mit-arbeiter (männlich)	Mit-arbeiter (weiblich)	Mit-arbeiter gesam	Gesamt
Stress-zunahme in den letzten 2 Jahren	48	49	48	41	40	40	43
Quantita-tive Über-forderung (mengen-mäßig)	19	24	21	16	19	17	19
Qualitative Überfor-derung (fachlich)	5	6	5	4	4	4	4
Quantita-tive Unter-forderung (mengen-mäßig)	5	4	4	6	6	6	5
Qualitative Unterfor-derung (fachlich)	11	11	11	14	14	14	13

Abbildung 3-1: Beanspruchung und Stress unter Führungskräften und Mitarbeitern in Deutschland 2012 in %[59]

3.2 Was ist Stress?

Zunächst braucht es einen Konsens, wie man Begriffe wie „Stress" überhaupt zu fassen hat. Aus psychologischer, soziologischer und medizinischer Sicht ist Stress umfassend beschrieben worden und die meisten Menschen sind in der Lage sich hiervon ein Bild zu machen. Dennoch ist es wichtig, sich diesem Begriff zunächst wertneutral zu nähern.

Eine einheitliche Stressdefinition ist schwierig, aber es besteht weitestgehend inhaltlicher Konsens über die Stressreaktion. Zunächst ist Stress an sich erstmals nicht negativ zu betrachten. Stress ist eine Anpassungsreaktion des Körpers auf Veränderungen in seiner Umwelt und somit ein fester Bestandteil evolutionärer Prozesse. Schon vor tausenden von Jahren reagierte der Mensch biologisch auf Bedrohungen

---

59 Vgl. *Lohmann-Haislah, A.*, 2012.

(hier Stressoren). Der Körper wurde in die Lage versetzt, das sprichwörtliche Mammut entweder zu bekämpfen oder 30 km am Stück fortzulaufen, um der Gefahr zu entgehen („Fight or Flight", Alarmzustand). Auf die Alarmphase folgt die Widerstandsphase, in der der Körper versucht die Schäden der Alarmphase zu reparieren mit dem Ziel, sich wieder in den Ursprungsstatus zurück zu versetzen. Danach, und nur wenn der Stressor (das Mammut) keine Bedrohung mehr darstellt, folgt die Erschöpfungsphase, in der der Körper seine Ressourcen regeneriert. Wichtig in diesem Zusammenhang ist vor allem, dass der heutige Mensch sich in Bezug auf die Stressreaktion kaum von seinen mammutjagenden Vorfahren unterscheidet. Eine der gängigsten Stresstheorien ist das Modell der „Allostatic Load" von Bruce McEwen[60].

Zur menschlichen Entwicklung gehört ein gewisses Maß an „Herausforderung" – die von McEwen benannte „Allostase", also eine Anpassungsreaktion an die Umwelt. Chronisch vorhandene Stressoren zwingen demnach das Gehirn und damit verbundene biologische Systeme, den Körper wieder ins Gleichgewicht zurückzubringen (Homöostase). Die allostatische Last ist nach McEwen der „Verschleiß" des Körpers durch kontinuierliche Anpassungsreaktionen. Je stärker und je länger die „Allostatic Load" anhält – bzw. wenn diese zur „Allostastic Overload" wird – desto größer ist die Gefahr einer chronischen Dysregulation, welche letztlich die oben genannten schweren Gesundheitsfolgen nach sich ziehen kann (vgl. Abbildung 3-2).

Gleichzeitig betont das Modell, dass eine moderate Herausforderung des Systems nötig ist, um die biologische Anpassungsfähigkeit weiterhin zu gewährleisten. Der Mensch benötigt demnach (ähnlich wie bei Muskeln) eine gewisse Anforderung, damit es zu keiner Verkümmerung kommt. Die meisten Stressforscher stimmen jedoch mittlerweile überein, dass der biologische Stressmechanismus dahingehend problematisch ist, dass die biologischen und psychischen Reaktionen evolutionär bedingt nach wie vor lebensbedrohliche Situationen abwenden wollen und den Körper darauf vorbereiten. Dabei sind die meisten „Stress"-Situationen, die beispielsweise in der Arbeitswelt erlebt werden, eben nicht wirklich lebensbedrohend. Diese evolutionäre Anpassungsstörung trägt deutlich zu der Vielzahl negativer gesundheitlicher Konsequenzen des Arbeitslebens bei.

---

60 Vgl. *McEwen, B.*, 1998.

Adäquate Steuerung			Fehlsteuerung	
Normal	**Stressanpassung**	**Unzureichende Stressanpassung**	**Kumulative**	**Fehlsteuerung**
Homöostase	Allostase	Allostatische Last	Allostatische Überlast	Gesundheitsfolgen
	Primärmediatoren (Adrenalin, Noradrenalin, Kortisol, DHEA-S, Vagaler Tonus, Tumor-Nekrose-Faktor Alpha, Interleukin-6)	*Primäreffekte* (Schlafprobleme, Angst-, Gemüts-störungen, etc.)	*Sekundärfolgen* (gestörter Meta-bolismus, kardio-vaskuläre Risiko-faktoren, Entzündungen etc.)	*Tertiärfolgen* (Bluthochdruck, Herz-Kreislauferkrankungen, Schlaganfall, Diabetes Mellitus Typ 2, Depression, etc.)
	Bemerkung: Unterstützt die Aufrechterhaltung der Homöostase, kann schützende und schädigende Wirkung haben	Bemerkung : Organ- und gewebespezifische Geschehen, die durch Primärmediatoren gesteuert werden	Bemerkung: Kumulative Folgen der Primäreffekte als Antwort auf Primärmediatoren	Bemerkung: Folge der Überlastung, Vorhersage durch Extremwerte der Sekundärfolgen und Primärmediatoren

← Gesundheitsschädliches Verhalten (z.B. Rauchen, Bewegungsmangel, Alkoholmissbrauch) →

Stress: Sozioökonomischer Status, Geldsorgen, Arbeitsmenge, Arbeitsbelastung, Vertrauen, Entscheidungsspielräume, Kontrolle, Soziale Unterstützung, Gratifikationskrisen, Arbeitsplatzunsicherheit etc.

Abbildung 3-2: Konsequenzen von „Allostatic Load[61]"

3.3 Psychische Belastung und Beanspruchung

Eine weitere wesentliche Erkenntnis der Stressforschung ist, dass Stresserleben (oder Anpassung) höchst individuell und abhängig ist von der Wahrnehmung des Einzelnen, was wiederum (mit-)gestaltet wird durch Persönlichkeit, Emotionen, Erfahrungen etc. Diese Unterschiede werden begründet in der Belastungs-Beanspruchungsachse (vgl. Abbildung 3-3).

Belastungen sind zunächst alle psychischen Ereignisse außerhalb der Haut und vor allem objektiv (DIN EN ISO 10075-1). 100 Dezibel Lautstärke sind zunächst für jeden 100 Dezibel. Die Beanspruchung findet „innerhalb der Haut" statt, es ist die beschriebene Anpassungsreaktion. Die Fehlbeanspruchung entsteht durch die individuelle Wahrnehmungsreaktion. Wer ein Konzert besucht und die Musik liebt, die gespielt wird, der empfindet vielleicht 100 Dezibel nicht als Beanspruchung. Sollte die Musik allerdings überhaupt nicht gefallen, lässt sich

---

61 *Mauss, D.; Li, J.; Schmidt, B.; Angerer, P.; Jarczok, M.N.,* 2015.

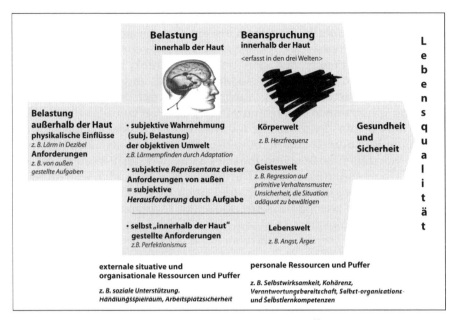

Abbildung 3-3: Die Belastungs- und Beanspruchungsachse[62]

mit hoher Wahrscheinlichkeit vermuten, dass 100 Dezibel als Beanspruchung wahrgenommen werden. Ein tauber Mensch kann zumindest diesen Status nicht als Belastung oder Beanspruchung empfinden.

Die individuelle Anpassungsreaktion wiederum ist abhängig von Balancen bzw. einem Gleichgewicht. *Kastner* beschreibt dies mit dem Bild einer Wippe mit den Seiten Investition und Konsumation[63]. Der Mensch investiert Zeit, Geld, Energie, Anspannung etc. und setzt dem Entspannung, Genuss, Freizeit etc. als Konsumation gegenüber. Folgt man dem Bild dieser Balance, stellt sich die Frage, wie diese über die Zeit erhalten werden kann. Dies führt unmittelbar zu den Begriffen „Anforderungen/Herausforderung" bzw. Ressourcen. Diese Begriffe sind wertfrei zu sehen. In den gleichen Kontext fallen moderne Begriffe wie z.B. „Entschleunigung", also das bewusste Reduzieren von hoher Dynamik und Komplexität, bzw. die Nutzung anderer schützender Faktoren, um den negativen Konsequenzen entgegenzuwirken (z.B. Wandern in einer uns angenehmen natürlichen Umgebung).

---

62 Vgl. *Kastner, M.*, 2010.
63 Vgl. *Kastner, M.*, 2010.

In diesem Kontext spielen Ressourcen eine zentrale Rolle. Udris und Semmer beschreiben Gesundheit als ein dynamisches Gleichgewicht zwischen den physischen und psychischen Abwehrmechanismen des Organismus einerseits und den potenziell krank machenden biologischen und sozialen Einflüssen der Umwelt andererseits[64]. Dieses Gleichgewicht ist wiederum abhängig von der Verfügbarkeit und Nutzung schützender und restaurativer Faktoren von Person und Umwelt, die als (personale und soziale) Ressourcen bezeichnet werden. Personale Ressourcen sind habitualisierte, gesundheitserhaltende und -wiederherstellende Bewältigungsmechanismen der Person sowie kognitive Überzeugungssysteme. Der Begriff der Ressource ist zentral im Bereich der Stressbewältigung, dem auch das Salutogenesekonzept von *Antonovsky* besondere Aufmerksamkeit widmet[65]. Auf der Suche nach Bewältigungsmechanismen von Spannungszuständen erklärt *Antonovsky* den „sense of coherence", das Kohärenzgefühl[66]. Letzteres beschreibt er es als eine „globale Orientierung", der Stimmigkeit zwischen drei wesentlichen Faktoren:

- Verstehbarkeit:
  Bezieht sich auf das Erleben von Einflüssen bezüglich ihrer Sinnhaftigkeit und der Fähigkeit, sie antizipieren oder richtig einordnen zu können.

- Handhabbarkeit:
  Beschreibt die eigene, subjektive Einschätzung der vorhandenen Ressourcen, um die erlebten Anforderungen bewältigen zu können.

- Bedeutsamkeit:
  Bezieht sich darauf, inwieweit Personen ihr Leben als sinnvoll empfinden; für *Antonovsky* der zentrale Motivator der drei Faktoren. Je bedeutsamer ein Lebensaspekt ist, desto größer ist die Wahrscheinlichkeit der Akzeptanz und Annahme von Herausforderungen.

Das Kohärenzgefühl wird immer wieder in den Zusammenhang mit Ressourcen gebracht.

---

64 Vgl. *Semmer, N.; Udris, I.*, 2004
65 Vgl. *Antonovsky, A.*, 1996.
66 Vgl. *Antonovsky, A.; Franke, A.*, 1997.

Personale Ressourcen	Soziale Ressourcen	Organisationale Ressourcen

■ Kohärenzerleben
■ Optimismus
■ Selbstkonzept
■ Förderliche Handlungsmuster
■ Internale Kontrollüberzeugungen
■ Bewältigungsmechanismen
■ Bewältigungsbiografie
■ Selbstwirksamkeit
■ „Hardiness"
■ Resilienz
■ Bindungsfähigkeit
■ Konstruktiver Umgang mit Gefühlen
■ Körperliche Faktoren
■ Wissen
■ Fähigkeiten und Fertigkeiten
	■ Work-Life-Balance
	■ Soziale Unterstützung durch
	  – Vorgesetzte
	  – Kollegen
	  – Partner
	  – Familie
	  – Freunde
	■ Hilfeleistung
	■ Informationsweitergabe
	■ Feedback
	■ Teamkultur
	■ Soziale Kompetenz (gemeinsamer Umgang)
		■ Aufgabenvielfalt
		■ Vollständigkeit der Aufgabe
		■ Handlungs- und Entscheidungsspielraum (adäquat)
		■ Partizipationsmöglichkeiten
		■ Mitarbeiterzufriedenheit
		■ Sinnhaftigkeit der Aufgabe
		■ Führungskultur
		■ Vertrauen
		■ Fehler-Lernen
		■ Unternehmenskultur
		■ Weiterbildung/ Qualifikation
		■ Teamarbeit und Kooperation
		■ Soziale Kompetenz (gemeinsamer Umgang)

Abbildung 3-4: Gesundheitsressourcen klassifiziert nach *Richter & Hacker*[67]

Ressourcen sind jedoch wie schon beschrieben weit mehr als nur das Kohärenzerleben. Abbildung 3-4 zeigt die Vielfalt von Ressourcen, die im Arbeitsleben erlebt werden können. Mitarbeiter bringen demnach ihr individuelles Set an persönlichen Ressourcen mit, welches sie durch ihr bisheriges Leben erworben haben. Dieses ist, wie schon erwähnt, grundsätzlich sehr unterschiedlich. In einem positiven Umfeld, in dem ein Mitarbeiter passend zu seiner Ausbildung und Fähigkeiten Autonomie und Entscheidungsfreiheit bekommt und seine Tätigkeit als sinnhaft versteht, dabei eine soziale und funktionale (!) Teamstruktur vorhanden ist, kann seine Talente und vor allem eigene Ressourcen voll zum Einsatz bringen. Im Gegenbeispiel würde der Mitarbeiter seine persönlichen Ressourcen aufbrauchen, um gegen das negative Umfeld bestehen zu können, also letztlich seine Energie nicht für seine Tätigkeit positiv einsetzen, sondern verschwenden.

Wenn nun das Bild der Wippe aus Herausforderung/Anforderung und Ressourcen erneut betrachtet wird, erkennt man, dass der entschei-

---

67 Vgl. *Richter, P.; Hacker, W.*, 1998.

dende Prozess das Austarieren der Wippe ist. Psychische Fehlbeanspruchung entsteht demnach dann, wenn eine Seite der Wippe zu lange dominiert ohne wieder in eine „gesunde" Amplitude zu kommen. Erlebt man dauerhaft hohe Anforderungen, ohne dass die Ressourcen ausreichen bzw. diese irgendwann verbraucht sind, kann es langfristig zu Prozessen in Richtung einer psychischen Erschöpfung oder Depressionen kommen[68]. Die bekanntesten Anforderungen und „Gegenspieler" der Ressourcen, welche die Wippe langfristig kippen lassen können, sind in der Arbeitsstressforschung umfassend untersucht worden[69] und durch die Politik aufgegriffen worden (vergleiche hierzu Kapitel 1.3: Gemeinsame Deutsche Arbeitsschutzstrategie, Arbeitsprogramm Psyche):

- Belastungen durch die Arbeitsaufgabe
  - zu hohe quantitative und qualitative Anforderungen
  - unvollständige Aufgaben
  - Zeit-/Termindruck
  - Informationsüberlastung (Overflow)
  - unklare Aufgaben oder widersprüchliche Anweisungen
  - Unterbrechungen und Störungen

- Belastungen aus der Arbeitsrolle
  - Verantwortung
  - Mobbing und Konkurrenzverhalten
  - mangelnde Unterstützung
  - Enttäuschung, fehlende Anerkennung (Gratifikationskrisen)
  - Konflikte mit Vorgesetzten und Kollegen

- Belastungen aus der materiellen Umgebung
  - belastende Umgebungseinflüsse (Lärm, Hitze, Zugluft etc.)

- Soziale Belastungen
  - Betriebsklima
  - Wechsel der Umgebung/Mitarbeiter/Aufgabenfeld
  - strukturelle Veränderungen
  - Informationsmangel
  - Isolation

Aus psychologischer Sicht müssen aber nicht nur situationsbedingte Belastungen berücksichtigt werden, vielmehr besitzt die Wechselwirkung zwischen der einzelnen Person mit ihren Erfahrungen, Einstellungen, Erziehung, Genetik etc. und der Arbeitssituation für viele Beanspruchungen eine große Bedeutung. Somit sind in der Arbeitspsychologie

---

68 Vgl. *Hobfoll, S. E.*, 1989.
69 Zusammengefasst nach *Schmidt, B.*, 2012.

die Belastungen aus dem Personensystem ein weiterer wichtiger Bestandteil des Verständnisses der Entstehung von krankmachendem Stress.

- Belastung aus dem Personensystem
  - Angst vor Aufgaben, Misserfolg, Tadel und Sanktion
  - ineffiziente Handlungsstile
  - fehlende Qualifikation oder Erfahrung
  - familiäre Konflikte (Work-Life-Balance)

Zusammenfassend ergibt sich daraus eine einfache Konsequenz. Belastungen und Anforderungen werden sich in unserer modernen, globalisierten Arbeitswelt nicht oder nur schwer reduzieren lassen. Entscheidend ist, wie der Einzelne damit umgeht. Auch dieser Anpassungsprozess ist, wie hier beschrieben, individuell.

Das Verständnis dieser Zusammenhänge hilft, den Prozess der „Psychischen Belastung" über die Zeit besser zu verstehen (siehe Abbildung 3-5).

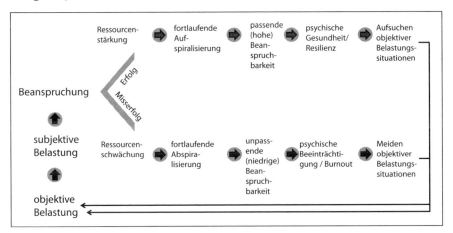

Abbildung 3-5: Psychische Belastung über die Zeit[70]

Im Arbeitsleben wird häufig eine Belastungssituation erlebt, die auch subjektiv als solche verarbeitet wird. Es kommt zu Beanspruchung, aber welche Konsequenz diese Beanspruchung haben wird, zeigt sich erst im weiteren Verlauf. Wird diese Herausforderung erfolgreich gemeistert, führt dies zu einer positiven Verstärkung in Richtung psychischer Widerstandsfähigkeit (Resilienz). Damit steigt auch die Bereitschaft, neue und objektive Belastungssituationen aufzusuchen

---

70 Vgl. *Kastner, M.*, 2010.

bzw. Fehlschläge zu verkraften. Die Handelnden werden proaktiver bzw. belastbarer (im Englischen „Hardiness"). Werden jedoch zu viele oder gravierende Misserfolge erlebt, besteht umgekehrt die Gefahr, dass Selbstvertrauen verloren wird, dass die Beanspruchbarkeit sinkt, die Vulnerabilität steigt, und am Ende Belastungssituationen ganz vermieden werden. Die sogenannte Vulnerabilität bzw. auch die Gefahr selbsterlernter Hilflosigkeit nimmt zu. Hieraus wird leicht ersichtlich, welchen Einfluss Ressourcen haben können. Ressourcen unterstützen beim erfolgreichen Bewältigen einer Herausforderung oder fangen uns auf, wenn die Beanspruchung zu groß ist bzw. nicht bewältigt werden kann. Solche Ressourcen sind beispielsweise Erfahrung (z.B. erlernte Problemlösefähigkeiten oder Copingstrategien), Fähigkeiten und Kompetenzen, Werte, Persönlichkeitsmerkmale (z.B. Selbstwirksamkeit) oder private wie berufliche Netzwerke (soziale Unterstützung). Hieraus wird allerdings in Bezug auf psychische Gesundheit auch sofort die Rolle der Führungskraft ersichtlich. Führungskräfte können durch ihr Verhalten gezielt Ressourcen fördern, unterstützen oder im negativen Falle zu einem schnelleren Abbau und Verbrauch beitragen. Das Verhalten der Führungskraft verstärkt demnach den Zusammenhang zwischen dem Stresserleben des Mitarbeiters und dem Stressor bzw. mindert ihn ab. Dies soll folgendes Beispiel darstellen: Ein junger Mitarbeiter bekommt den Auftrag, zum ersten Mal einen Vortrag vor der Geschäftsführung zu halten, für diese Person zweifelsohne eine echte Herausforderung, aber auch eine Beanspruchung. Die Unterstützung durch den Vorgesetzten als Ressource kann entweder zum persönlichen Erfolg verhelfen oder im Falle des Misslingens den „Aufprall" abmildern und Verbesserung anregen. Im konkreten Beispiel kann die Führungskraft neben dem Aufbau von Selbstvertrauen natürlich konstruktives Feedback geben und zum Beispiel durch ihre eigene Erfahrung den „Jungspund" auf die Aufgabe vorbereiten (z.B. Üben in einem „gesicherten" Umfeld). Im umgekehrten Fall kann der Vorgesetzte den krankmachenden Prozess beschleunigen, z.B. durch „Hängenlassen" (sich der Verantwortung entziehen) oder „Vorführen" („So habe ich Ihnen das aber nicht beigebracht"). So werden die Ressourcen des Mitarbeiters deutlich geschwächt, seine Motivation untergraben und er/sie wird angeschlagen aus dieser Situation herauskommen. Abbildung 3-5 zeigt, dass der Zusammenhang zwischen Führungsverhalten und psychischer Beanspruchung über die Stärkung von Ressourcen vermittelt bzw. mediiert wird, wie zuvor auch in Abbildung 3-4 beschrieben[71]. In diesem Zu-

---

71 Vgl. *Schmidt, B.; Loerbroks, A.; Herr, R.; Litaker, D.; Wilson, M.; Kastner, M.* et al., 2014.

sammenhang hat sich das Arbeitsmotivationskonzept von Hackmann und Oldham bewährt.

Dieses Grundlagenmodell der Arbeits- und Organisationspsychologie zeigt, dass Mitarbeiter, die ihre Arbeit als sinnvoll verstehen, eingebunden und mitverantwortlich sind und Rückkopplung über ihre Wirkung und das Arbeitsergebnis erhalten, hoch intrinsisch motiviert sind, hohe Qualität liefern und sich gesünder verhalten. Alle diese Faktoren sind durch die Führungskraft direkt beeinflussbar. Die Vermittlung von Sinnhaftigkeit der Tätigkeit, Delegation von Verantwortung gemäß der Fähigkeiten und Einbindung der Mitarbeiter („Betroffene zu Beteiligten machen") sowie die konstruktive Rückmeldung zu Arbeitsergebnissen sind zentrale Aufgaben von Führungskräften. Natürlich muss dies auch die Rückkopplung negativer Ergebnisse beinhalten. Dies ist in einer Form zu tun, die den Mitarbeiter nicht demotiviert und verprellt, sondern einen Lernprozess auslöst.

Ein weiteres gut erforschtes und belegtes Motivationskonzept ist in dem Zusammenhang Führung und Gesundheit die Zielsetzungstheo rie nach *Edwin A. Locke & Gary Latham*[72]. Grundsätzlich kann man danach den Zusammenhang zwischen Leistung und Zielen in zwei grundlegenden Hypothesen zusammenfassen:

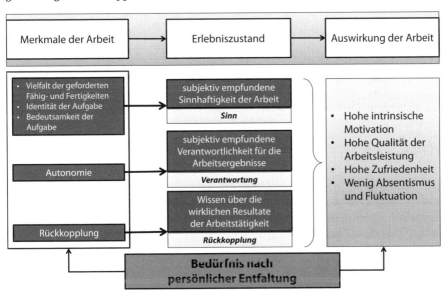

Abbildung 3-6: „Job Characteristics Model" nach *Hackman & Oldham*[73]

---

72 Vgl. *Locke, E. A.; Latham, G. P.*, 1990.
73 Vgl. *Schmidt, B.*, 2012.

- Je größer die Herausforderung bzw. je schwieriger das Ziel, desto besser ist die Leistung.

- Je präziser und spezifischer Ziele formuliert werden, umso besser ist die Leistung gegenüber vage formulierten Zielen.

Zusätzlich kann ergänzt werden, dass die persönliche Kongruenz (also die Übereinstimmung der Ziele der Person mit den Anforderungen der Arbeitssituation) förderlich auf die Leistungserfüllung wirkt sowie die Partizipation bei der Zielfestlegung. Aber herausfordernde, spezifische Ziele führen nicht automatisch zu Leistung. Die Zielsetzungstheorie beschreibt einen Wirkmechanismus und Moderatorvariablen, die diesen Prozess ermöglichen (siehe Abbildung 3-7).

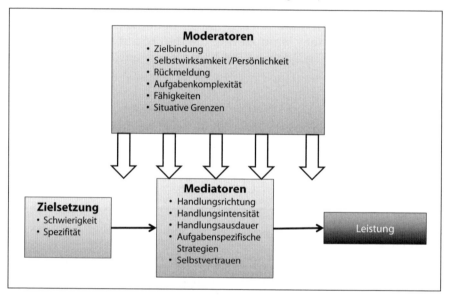

Abbildung 3-7: Annahmen der Zielsetzungstheorie nach *Locke & Latham*[74]

Die Abbildung zeigt, wie Ziele als kognitive Anreize der Handlung Prozesse auslösen, die zu ihrer Realisierung beitragen. Sie zeigt, wie herausfordernde, schwierige und spezifische Ziele Richtung, Intensität und Ausdauer beeinflussen, um Leistung zu erbringen.

Je konkreter ein Ziel formuliert ist, umso einfacher gestaltet sich die Suche nach relevanten Informationen bzw. die Vernachlässigung von unbedeutenden, nicht zielführenden Informationen. Dies trägt somit zur Komplexitätsreduktion bei und diese reduziert wiederum Stresserleben.

---

74 Vgl. *Schmidt, B.*, 2012.

Desweiteren geht das Modell auf Moderatoren, also verstärkende oder abschwächende Einflüsse, ein. Deren Ausprägung entscheidet demnach mit, wie gut oder ob überhaupt der beschriebene Wirkmechanismus funktioniert. Wichtige Moderatoren sind:

- Zielbindung,
- Rückmeldung,
- Komplexität der Aufgabe,
- Selbstwirksamkeit/Persönlichkeitsmerkmale,
- Fähigkeiten sowie
- situative Grenzen.

Je stärker sich Mitarbeiter gegenüber einem Ziel verpflichtet fühlen, desto größer ist die Zielbindung und somit die Leistung. Im Rahmen der Partizipation bei der Festlegung von Zielen wird ein Gefühl der Verpflichtung des Mitarbeiters mit dem Ziel erzeugt, die entsprechende Zielbindung zu fördern. Weiterhin ist Rückmeldung (ähnlich des Job Characteristics Model s.o.) ein zentraler Moderator für die Leistung, da es so Fortschrittsmeldungen zu dem Erreichen spezifischer Ziele gibt. Je schwieriger das Ziel, umso bedeutender wird die Rückmeldung. Gleiches gilt für Selbstwirksamkeit. Selbstwirksamkeit oder die Selbstwirksamkeitserwartung bezeichnet die eigene Erwartung aufgrund der eigenen Fähigkeiten, Handlungen erfolgreich ausführen zu können[75].

Entscheidend ist die Annahme, dass die Person handlungsfähig ist, also Einfluss auf die Dinge um sie herum nehmen kann. Die Selbstwirksamkeit ist insofern ein besonderer Moderator, als dass über ihre Ausprägung viele motivationale Bedingungen angesprochen werden wie z.B. das Zutrauen der eigenen Leistungsfähigkeit. Hoch selbstwirksame Menschen trauen sich mehr zu und fühlen sich auch eher an herausfordernde Ziele gebunden. Außerdem lassen sich selbstwirksamere Personen weniger von Rückschlägen entmutigen. Ähnliches gilt für andere fördernde oder auch hemmende Persönlichkeitsmerkmale. Die Komplexität der Aufgabe spielt dahingehend eine Rolle, ob eine Aufgabe (mit bekannten Lösungswegen) oder ein Problem (mit unbekannten Faktoren) vorliegt. Bei einfachen Aufgaben ist die Moderatorwirkung stärker. In Bezug auf die Leistung bei komplexeren Aufgaben spielt die Spezifität eine größere Rolle. Je besser die Güte der Pläne und die Strategien sind, um das Problem zu bewältigen, umso höher ist die Leistung zu erwarten. Letztlich spielen die Fähigkeiten und Kompetenzen der Person eine Rolle, sprich ob diese

---

75 Vgl. *Bandura, A.*, 1997.

überhaupt in der Lage ist, die Aufgabe zu erfüllen, was wiederum für die mentale Gesundheit ebenfalls bedeutend sein kann.

Die Zielsetzungstheorie von Locke und Latham ist eine der am besten empirisch bestätigten Theorien in der Arbeitsmotivationsforschung und erfreut sich sehr großer Beliebtheit, weil sie der Führungskraft direkt Handlungsmöglichkeiten anbietet. So sollte eine Führungskraft, um Leistung zu erreichen, nach der Theorie folgende Anregungen beachten:

1. Ziele sollten so konkret und spezifisch wie möglich formuliert werden.
2. Ziele sollten herausfordernd, aber erreichbar sein.
3. Je akzeptierter ein Ziel, umso besser. Partizipation einplanen.
4. Ziele sollten mit dem Aufgabengebiet weitestgehend übereinstimmen.
5. Ziele sollten sich nicht diametral gegenüberstehen oder Mitarbeiter in Konfliktsituationen bringen.
6. Belohnung und Sanktion sollten in relativem Verhältnis zu den Zielen stehen.
7. Rechtzeitiges und umfassendes Feedback, dabei unterschiedliche Interpretationen des gleichen Sachverhalts berücksichtigen.
8. Nicht nur die Ergebnisse, sondern auch Prozessvariablen rückmelden.

Um den gewünschten positiven Effekt der Motivation zu erhalten, sollten auch die Belohnungssysteme motivierend gestaltet werden. Solche Anreizsysteme zeichnen sich durch eine Zurechenbarkeit von Leistung und Belohnung aus, sind gerecht und transparent und basieren auf Feedback. In weiteren Schritten darf hier allerdings nicht nur in materiellen Ansätzen gedacht werden, da extrinsische Motivation intrinsische langfristig untergraben kann. Die Führungskraft kann hier in Bezug auf Gesundheit an den zentralen, schon genannten Punkten ansetzten. Durch das Gewähren des passenden Handlungsspielraums, richtiges Setzen von Zielen unter Einbindung des Mitarbeiters sowie durch Lob, Wertschätzung und konstruktive Kritik (Rückmeldung!) und Belohnungssysteme wird Unsicherheit reduziert und somit Ängste und Stress reduziert. Weiterhin fördert solch ein motivationales Vorgehen „Empowerment" und die Selbstwirksamkeit der Mitarbeiter, die Konsequenz ist Resilienz.

Es kann festgehalten werden, dass Führung, Motivation, Leistung und Gesundheit einander bedingen. Betrachtet man zusammenfassend die Passung zwischen dem Einfluss der Führungskraft und den gängigen Motivationstheorien, findet sich hier eine Vielzahl sinnvoller inhaltlicher Überschneidungen, in denen sich auch salutogene und motivationale Ressourcen wiederfinden.

Fassen wir bisher Beschriebenes zusammen, ist es gerade die passende Balance zwischen Anforderung und Ressourcen mit der Folge adäquater Beanspruchung (weder Unter- noch Überforderung), die zu Höchstleistung durch hohe Motivation führt, ohne die individuellen, protektiven Ressourcen zu verbrauchen. Eine fordernde, aber machbare Herausforderung erhöht die Bewältigungsfähigkeit der Person in Richtung höherer Leistungsfähigkeit und verstärkt somit positiv die Beanspruchungsbiografie. Konkrete Handlungsempfehlungen beschreibt Abbildung 3-8. Die beschriebene Balance funktioniert bspw. demnach, wenn Mitarbeiter über die Zeit das subjektive Gefühl von Erfolg erleben und sich nicht als „Versager" fühlen. Dies bedeutet natürlich nicht eine „Wir sind alle großartig"-Attitüde, aber positive Verstärkung durch die Führungskraft im richtigen Moment stärkt die psychische Widerstandskraft der Mitarbeiter und stärkt sie gegenüber neuen Herausforderungen (siehe auch Abbildung 3-5). Führungskräfte haben eine Vielzahl an Möglichkeiten auf die Ressourcen, das Stresserleben und somit die Gesundheit ihrer Mitarbeiter Einfluss zu nehmen. Im späteren Verlauf wird dieser Zusammenhang weiter konkretisiert anhand von Erkrankungen bzw. den gängigsten Formen von Arbeitsstress sowie psychischen Belastungen bei der Arbeit.

Gesundmacher (subjektives Gefühl von ...)	Krankmacher (subjektives Gefühl von ...)
Erfolg	Misserfolg
Anerkennung und Wertschätzung	Akzeptanzproblemen
Handlungsspielraum, Autonomie, Selbstbestimmung	Fremdbestimmung, Heteronomie, festgelegt
Wohlbefinden	Missbefinden
Selbstwirksamkeit	Mangelnder Möglichkeit sich einzubringen
Kontrolle bzw. Handhabbarkeit	Hilflosigkeit bzw. ausgeliefert sein
Transparenz	Intransparenz
Sinn	Sinnlosigkeit

Abbildung 3-8: Gesund- und Krankmacher nach *Kastner*

BURN-OUT

Die oben beschriebenen Ungleichgewichte tragen dazu bei, dass vor allem die psychischen Erkrankungen zunehmen, was von Schlafstörungen über Depression bis zum Burn-out reichen kann[76]. Auch wenn die Burn-out-bezogenen Arbeitsunfähigkeitstage aufgrund der besseren wirtschaftlichen Lage wieder leicht absinken, liegen sie dennoch im Schnitt bei 74,1 AU-Tagen im Jahr (je 1000 Arbeitnehmer, siehe Abbildung 3-9).

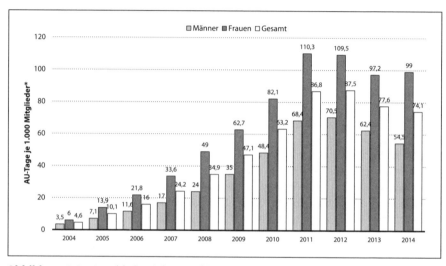

Abbildung 3-9: Anzahl der Arbeitsunfähigkeitstage aufgrund des Burn-out-Syndroms (Z73) nach Geschlecht in den Jahren von 2003 bis 2014 (AU-Tage je 1.000 Mitglieder)[79]

Das Burn-out-Phänomen wurde umfassend in der Arbeitspsychologie erforscht[77]. Allerdings gibt es große Unterschiede zwischen dem psychologischen und medizinischen Wissen und dem „Alltagswissen". Burn-out wird hier faktisch zum Synonym für psychosomatische Symptome durch langfristige Überforderung im Arbeitsleben bzw. Erschöpfung[78].

Der Begriff des Burn-out bleibt bis heute definitorisch nicht geklärt, es ist keine eindeutig zu spezifizierende psychische Krankheit (nach ICD-10). Bis heute existieren weder objektive Definitionskriterien noch einheitliche Symptombeschreibungen. „Trotz dieser begrifflichen

---

76 Vgl. *Oppolzer, A.*, 2010.
77 Vgl. *Burisch, M.*, 2014.
78 Vgl. *Leka, S.; Jain, A.*, 2010.
79 Vgl. BKK Gesundheitsatlas, 2015.

Unschärfe ist Burn-out eine ernstzunehmende Stresskrankheit mit weitreichenden medizinischen und ökonomischen Konsequenzen."[80] Einen Kompromiss stellt die niederländische Burn-out-Richtlinie vor[81]. Demnach kann von Burn-out gesprochen werden, wenn folgende vier Kriterien erfüllt sind:

1. Mindestens drei Kriterien erfüllt von:
   a. Müdigkeit
   b. Schlafstörungen
   c. Reizbarkeit
   d. Druck nicht gewachsen zu fühlen
   e. emotionale Labilität
   f. Grübeleien
   g. Gefühl von Gehetzheit
   h. Konzentrationsprobleme/Vergesslichkeit

2. Gefühle von Kontrollverlust/Hilflosigkeit als Reaktion auf die Unfähigkeit Stressoren zu bewältigen, unzureichende Stressregulation

3. Deutliche Einschränkungen im beruflichen und sozialen „Funktionieren"

4. Spannungsbeschwerden sind nicht ausschließlich einer psychiatrischen Störung zuzuschreiben (z.B. manifeste Depression).

Folgt man dieser Definition, ist Burn-out das Ergebnis eines komplexen Wechselspiels zwischen Persönlichkeitseigenschaften und beruflichen Umweltfaktoren[82]. Es entwickelt sich langsam und unterschwellig. Lang andauernde Fehlbeanspruchung kann eine Vielzahl somatischer Beschwerden hervorrufen, die von Person zu Person unterschiedlich auftreten können. Dies wird nachfolgend bei der Erläuterung der Arbeitsstressmodelle aufgegriffen. Persönlichkeitseigenschaften, die sich als problematisch in dieser Hinsicht gezeigt haben sind:

■ Personen, die sich im Beruf übermäßig verausgaben

■ Personen, die sich leicht vereinnahmen lassen oder sich nicht genug abgrenzen können

■ Personen, die leicht unter Zeitdruck geraten (ggf. aus obigen Gründen)

■ Personen, die wenig Bestätigung bzw. Befriedigung neben der Arbeit finden.

---

80 Vgl. *von Känel, R.*, 2008.
81 Vgl. *Burisch, M.*, 2014.
82 Vgl. *von Känel, R.*, 2008.

Dieses Wechselspiel zwischen Persönlichkeit und „toxischen" Arbeits-situationen kann über die Zeit zu Burn-out führen. Die Abbildung 3-10 skizziert den Prozess in sieben Phasen.

Entwicklung	Phase	Symptome
Chronischer Stress	1. Erste Warnzeichen	Gesteigerter Einsatz für Ziele, Zunahmen der Überstunden, Erschöpfung, erste körperliche Anzeichen (Puls, Blutdruck etc.)
Burn-out	2. Reduziertes Engagement	Reduzierte soziale Interaktion, negative Einstellung zur Arbeit, Konzentration auf eigenen Nutzen
Depressive Symptomatik	3. Emotionale Reaktionen	Pessimismus, Leere, Hoffnungs-losigkeit, Energiemangel, Hilfs-losigkeit, Schuldzuschreibungen an andere bzw. das System
	4. Abnahmen von ...	Kognitiven Fähigkeiten, Motivation, Kreativität, Differenzierungsfähig-keit
	5. Abflachen ...	Des emotionalen und sozialen Lebens und kognitiver Interessen
	6. Psychosomatische Reaktionen	Spannung, Schmerzen, Schlaf-störungen, Verdauungsbeschwer-den, keine Erholung in der Freizeit, veränderte Essgewohnheiten, Substanzgebrauch
Klinische Depression	7. Depression und Verzweiflung	Gefühl von Sinnlosigkeit, negative Lebenseinstellung, existenzielle Verzweiflung, Suizidgedanken oder -absicht

Abbildung 3-10: Burn-out-Prozess in sieben Phasen

Ersichtlich ist, dass die Differenzialdiagnose zu anderen Syndromen, wie beispielsweise die Depression, schwierig ist, da diese oft einen ähnlichen Verlauf zeigen können. Auch hier sollte dringend der Rat eines klinischen Experten hinzugezogen werden. Eine Faustregel für eine erste sinnvolle Differenzierung zwischen Erschöpfung (Burn-out) oder einer (klinischen) Depression könnte wie folgt lauten: „Wird der Patient beim Erheben der Anamnese gefragt, was er tun würde, wenn er nicht derartig erschöpft wäre, und er antwortet mit einer Reihe von Aktivitäten, die er bei höherem Energielevel gerne unternehmen würde, so ist dies ein guter klinischer Hinweis darauf, dass der Patient nicht relevant depressiv ist."[83] Ein depressiver Patient würde hier Lustlosigkeit äußern oder apathisch reagieren.

Auch wenn die Differenzierung schwierig erscheint, hier eine eher praktische Herangehensweise. Ein Mitarbeiter mit einem Burn-out braucht nur (wenn überhaupt) eine kurzfristige Regenerationspause, zentral ist hier das Aufzeigen eines alternativen Wegs, wie mit Aufgaben, eigenen Ressourcen, Verantwortungen, Situationen am Arbeitsplatz umgegangen werden kann (knogitiv-verhaltenstherapeutische Techniken). Hier können auch problematische Persönlichkeitseigenschaften angesprochen werden (s. o.) Dies betont die Rolle guten Coachings oder unterstützender Therapie. Lösungen müssen aber auch innerhalb des Unternehmens erarbeitet werden (Arbeitssituation). Was kann getan werden, damit wiederholtes „Abrutschen" in den Burn-out verhindert werden kann? Hier sind ebenfalls Führungskräfte mit ihren eigenen Gestaltungsräumen gefragt. Probate Mittel sind themenzentrierte Rückkehrgespräche. Für Führungskräfte erwachsen daraus zwei neue Herausforderungen. Erstens wird erwartet, dass sie diese Prozesse, die selbst für ausgebildete Psychologen nicht leicht zu differenzieren sind, erkennen lernen und Maßnahmen ergreifen können. Dabei werden Führungskräfte heute oft alleine gelassen. Zweitens gilt das Problem ja gerade auch für sie selbst, d. h. jenseits des „blinden Flecks" erkennen zu können, inwieweit man sich ggf. selbst falsch verhält. Dieses erfordert ein neues Maß an Selbstführung. Um sich selber schützen zu können und damit der gewünschten Vorbildrolle gerecht werden zu können, brauchen Führungskräfte organisationale unterstützende Strukturen.

Führungskräfte haben nicht die Aufgabe als „Hobbypsychologen" mit Checklisten klinische Urteile zu fällen. Für ihre eigenen Probleme sowie die der Mitarbeiter wird professionelle Hilfe, die durch ein funktionales BGM gewährleistet werden kann, benötigt. Gerade für die schwierige Differenzialdiagnostik von Burn-out erfordert es Experten.

Im Folgenden werden die Erkenntnisse der Arbeitsstressforschung betrachtet. Hier wird die Bedeutung des Präventionspotenzials durch Führungskräfte für die Unternehmen noch deutlicher.

STRESS IM ARBEITSLEBEN

Arbeitsstress ist keine Sonderform von Stress, sondern inhaltlich nur die Übertragung in eine bestimmte Umgebung. In einer systemischen Sichtweise geht es hier vor allem um die Einflussfaktoren Arbeitsum-

---

83 Vgl. *von Känel* (2008, S. 481) zitiert in: Burisch, M., 2014.

gebung bzw. Ressourcen, die wiederum in Bezug auf das individuelle sowie kollektive Stresserleben sehr vielfältig sein können. Dieses Kapitel soll wesentliche Aspekte des Arbeitsstresses aufgreifen, die aus der systemischen Sicht des Unternehmens bedeutend und optimierbar sind. Dabei muss nochmals auf den individuellen Charakter von Stress hingewiesen werden. Das Vorhandensein einer möglichen Diagnose heißt eben noch lange nicht, dass alle davon betroffen sein müssen. Dennoch wurden in der Arbeitsstressforschung kollektive Stressphänomene isoliert, die als grundlegend für Stresserleben in Betrieben angesehen werden können.

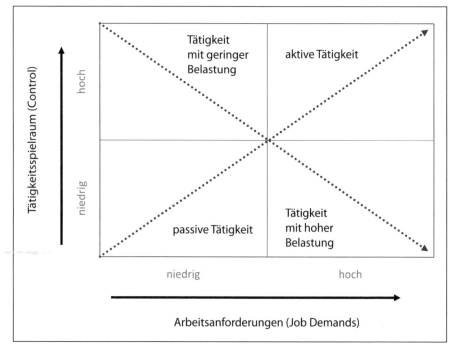

Abbildung 3-11: Das Anforderungs-Kontroll-Modell nach *Karasek & Theorell*

Auch im Arbeitsleben geht es um Gleichgewichte bzw. Balancen zwischen Anforderungen und Ressourcen. Deshalb stehen sich auch in den renommiertesten Stressmodellen immer Protagonist und Antagonist gegenüber. In der Arbeitsstressforschung werden in diesem Zusammenhang vor allem drei Modelle diskutiert, das Anforderungs-Kontroll-Modell[84], das Modell der beruflichen Gratifikationskrise[85]

---

84 Vgl. *Karasek, R.D.; Theorell, T.,* 1990.
85 Vgl. *Siegrist, J.,* 1996.

und das Modell organisationaler Gerechtigkeit[86]. Im systemischen Kontext werden weiterhin Aspekte wie Führungsverhalten, Unternehmenskultur oder Work-Life-Balance untersucht. In dem von Karasek & Theorell beschriebenen Anforderungs-Kontroll-Modell wird die Entstehung von Stress durch mangelnde Entscheidungs- und Handlungskompetenzen in Bezug auf die zu leistende Arbeitsmenge bzw. -last beschrieben.

Die in den vier Quadranten beschriebenen Arbeitssituationen werden folglich als „Starke Beanspruchung" (stressiger Job), „Passiv", „Wenig Beanspruchung" bzw. „Aktiv" eingeteilt. Dieses Modell ist sicherlich eines der einflussreichsten Arbeitsstressmodelle überhaupt, seine wichtigste Einschränkung jedoch ist, dass es vornehmlich für Industriearbeit entwickelt wurde. Auch wenn es in modernen Kontexten immer noch beliebt ist, reicht das Modell zur Beschreibung von Arbeitsstress in der modernen Arbeitswelt kaum aus.

Das Modell der beruflichen Gratifikationskrisen von *Johannes Siegrist* basiert ebenfalls auf der Annahme eines Gleichgewichts zwischen Stressoren und Ressourcen, in diesem Fall der Anforderungen bzw. Leistung und der damit verbundenen Belohnungen.

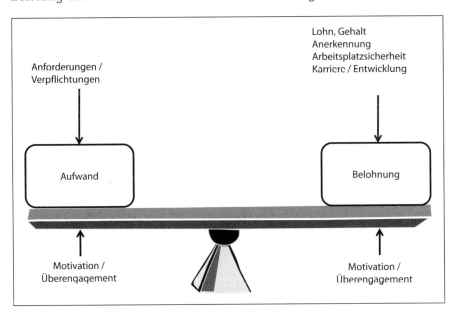

Abbildung 3-12: Die berufliche Gratifikationskrise[87]

---

86 Vgl. *Kivimäki, M.; Elovainio, M.; Vahtera, J.; Ferrie, J.E.*, 2003.
87 Vgl. *Lohmann-Haislah, A.*, 2012.

Siegrist spricht in diesem Kontext von Reziprozität, also dem Austausch von Leistung gegen Gratifikation. Hier geht es um Faktoren wie Anerkennung durch den Vorgesetzten, Aufstiegschancen, Arbeitsplatzsicherheit oder angemessenen Verdienst. Übersteigen auch hier dauerhaft die Anforderungen die Ressourcen bzw. wird dies subjektiv so wahrgenommen, erfolgt eine gesundheitlich schädliche Stressreaktion. Das Modell wurde im weiteren Verlauf noch um den Faktor „Overcommitment" (Überengagement) erweitert[88]. Overcommitment stellt darin einen unabhängigen Persönlichkeitsfaktor dar, der die Zusammenhänge zwischen Aufwand und Belohnung verstärken kann. Das Modell von Siegrist hat in der Epidemiologie große Aufmerksamkeit erfahren. Es ist mit schweren chronischen Gesundheitsrisiken assoziiert. Auch hier wird dem Modell vorgeworfen, dass nur selektiv Anforderungen und Ressourcen betrachtet werden.

Ein Modell, das insbesondere in den letzten Jahren viel Aufmerksamkeit erfuhr, ist das Modell der organisationalen Gerechtigkeit. Basierend auf vier Dimensionen, der Verteilungs-, der Prozess-, der Interaktions- bzw. der Informationsgerechtigkeit, zeigten Untersuchungen, dass insbesondere Prozess- und Interaktionsgerechtigkeit mit Arbeitsstress und gesundheitlichen Folgen zusammenhingen[89]. Unter Prozessgerechtigkeit versteht man, dass alle Beteiligten Einfluss auf den Prozess nehmen können und dass letzterer ethisch, korrekt und kontinuierlich durchgeführt wird. Die Interaktionsgerechtigkeit bezieht sich vor allem auf die faire Behandlung von Mitarbeitern durch ihre Vorgesetzten. Nachvollziehbarerweise beschreibt dieses Modell Arbeitsstress als Folge von ungerechtem und respektlosem Vorgesetztenverhalten bzw. der Willkürlichkeit von Regeln oder inkonsequenten Prozessen. Auch hier wurden valide Zusammenhänge mit der Gesundheit der Mitarbeiter gezeigt[90].

Aktuellere Ansätze erweitern die traditionellen Modelle, indem sie verstärkt die Ressourcensicht integrieren. Dabei werden in Zukunft persönliche (z.B. emotionale Stabilität) und organisationale Ressourcen (z.B. gutes Führungsverhalten) eine immer größere Rolle spielen. In diesem Kontext vereint das Job Demands-Resources Modell (JD-R)[91] bereits wichtige Erkenntnisse. Es baut auf den beiden be-

88 Vgl. *Siegrist, J.; Starke, D.; Chandola, T.; Godin, I.; Marmot, M.; Niedhammer, I.* et al., 2004.

89 Vgl. *Herr, R.M.; Li, J.; Bosch, J.A.; Schmidt, B.; DeJoy, D.M.; Fischer, J.E.* et al., 2014.

90 Vgl. *Herr, R.M.; Bosch, J.; van Vianen, A.E.M.; Jarczok, M.N.; Thayer, J.F., Li, J.* et al., 2014.

91 Vgl. *Bakker, A.B.; Demerouti, E.,* 2007.

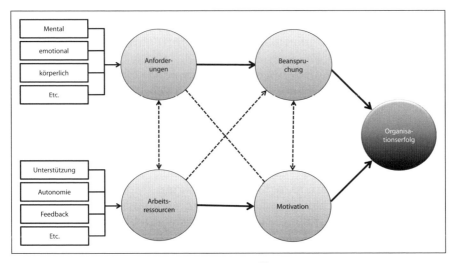

Abbildung 3-13: Job Demands-Resources Modell[92]

kanntesten Modellen, dem Anforderungs-Kontroll-Modell und dem Gratifikationskrisen-Modell auf, integriert aber zusätzlich Aspekte der Motivationspsychologie.

Wie Abbildung 3-13 zeigt, unterliegen dem Modell zwei psychologische Annahmen. Erstens wird davon ausgegangen, dass schlechte Arbeitsbedingungen zu erhöhter Beanspruchung führen, die wiederum gesundheitliche Folgen nach sich ziehen. Zweitens wird unterstellt, dass Arbeit und damit verbundene Arbeitsressourcen positive motivierende Wirkung zeigt, die wiederum einer Fehlbeanspruchung entgegen wirken kann. Ein gutes Beispiel wäre die Wirkung von sozialer Unterstützung oder vernünftiges, konstruktives Feedback durch den Vorgesetzten, das eine Entlastung auf der Beanspruchungsseite darstellt und gleichzeitig auch die Arbeitsmotivation erhöht (siehe Job Characteristics Model). Nach dem Modell puffern die Ressourcen auch die negativen Konsequenzen der Anforderungen ab und senken das Risiko einer Fehlbeanspruchung. Die letzte Beziehung wird mit der ebenfalls vorgestellten „Conservation of Resources"-Theorie erklärt (s.o.). Bei hohen Anforderungen ist es der Person wichtig die Ressourcen zu schützen bzw. zu erhalten, was sich durch die beschriebene Verlustspirale in verminderter Motivation ausdrücken könnte.

Aus den aufgezeigten Theorien und der damit verbundenen Forschung lässt sich zusammenfassend feststellen, dass in der Arbeitswelt

---

92 Vgl. *Bakker, A.B.; Demerouti, E.*, 2007.

selbst sowohl die Herausforderung, als auch die Lösung liegt, da dort viele der Anforderungen, aber auch die Ressourcen liegen. Vor allem gibt es viele Interventionsmöglichkeiten für Führungskräfte. Die Arbeitswelt kann jedoch nicht alleine für die Konsequenzen von Fehlbeanspruchung verantwortlich gemacht werden. Ein weiterer wesentlicher Bestandteil ist der im Folgenden beschriebene Ausgleich zwischen Berufs- und Privatleben bzw. die Zusammenhänge zwischen der individuellen Gesundheit und Leistungsfähigkeit. In einer Studie des Bundesministeriums für Arbeit und Soziales wurde festgestellt, dass vor allem Multitasking (verschiedene Arbeiten gleichzeitig durchzuführen), Termin- und Leistungsdruck, Arbeitsunterbrechungen und unterfordernde Arbeitsbedingungen (Monotonie) nach wie vor bei vielen Beschäftigten als belastend empfunden werden[93]. Weiterhin wurde festgestellt, dass erhöhtes Stresserleben mit dem Verlust von Ressourcen einhergeht, besonders wurde hier der Einfluss der Führungskräfte betont.

Anforderungen an Mitarbeiter und Führungskräfte nehmen immer mehr zu. Dabei steigen auch die Belastungen im privaten wie im beruflichen Bereich, und bei vielen kommt die Balance aus Leistungsfähigkeit und Gesundheit aus dem Gleichgewicht (Homöostase). Die meisten Unternehmen können es sich nicht leisten, auf Grund eines drohenden Fachkräftemangels hochqualifiziertes Personal zu verlieren. Mitarbeiterbindung und Personalpflege sind wichtige Konzepte der Personalstrategie geworden. Im Kontext dieser veränderten Rahmenbedingungen stellt sich die Frage, welche theoretischen Führungsmodelle überhaupt noch in welcher Situation Wirkung zeigen.

3.4 Führung und Gesundheit

Die bisherigen Ausführungen lassen sich zusammenfassend in einem konzeptionellen Führungsmodell für Leistung und Gesundheit darstellen. Folgt man Abbildung 3-14, kann Führungsverhalten den Umgang mit der psychischen Beanspruchung mitbeeinflussen. Letztere ist grundsätzlich verantwortlich für die psychische und physische Gesundheit. Der Zusammenhang entsteht entweder durch direkte Einflussnahme (z.B. soziale Unterstützung) und durch Stärkung von Ressourcen oder Reduktion kritischer Arbeitsstressoren (z.B. wahrgenommene Fairness). So konnten aktuelle Untersuchungen zeigen, dass unterstützendes Führungsverhalten (Unterstützung in schwierigen Situationen, Ehrlichkeit, Fairness, Offenheit für Probleme), unabhängig

---

93 Vgl. *Lohmann-Haislah, A.,* 2012.

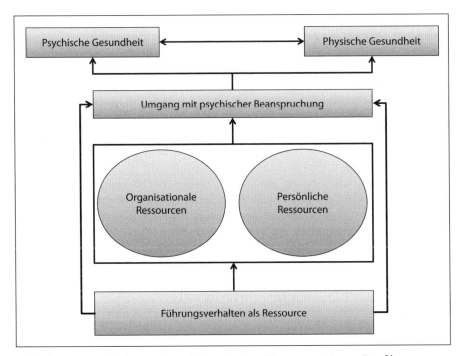

Abbildung 3-14: Ein konzeptionelles Modell zu Führung und Gesundheit[94]

von Arbeitsstress (Gratifikationskrise, Anforderung, Kontrolle und allgemeiner sozialer Unterstützung) schlechte selbstberichtete Gesundheit bei 3.331 Mitarbeitern vorhersagte[95]. Dabei war das relative Risiko zur Gruppe mit schlechter Gesundheit zu gehören, nach Berücksichtigung aller genannten Faktoren sowie anderer Gesundheitseinflüsse (z.B. Alter, Geschlecht, sozioökonomischer Status, Bildung, Gesundheitsverhalten etc.), bei schlecht geführten Personen um 60 % erhöht. Selbstberichtete Gesundheit wiederum ist ein verlässlicher Indikator für schwerwiegende Erkrankungen wie z.B. Herzinfarkte[96]. Letztlich zeigt sich, dass Führung eine wichtige Determinante der Arbeitsgesundheit ist.

---

94 Vgl. *Schmidt, B.; Loerbroks, A.; Herr, R.; Litaker, D.; Wilson, M.; Kastner, M.* et al., 2014.
95 Vgl. *Schmidt, B.; Loerbroks, A.; Herr, R. M.; Wilson, M. G.; Jarczok, M. N.; Litaker, D.* et al., 2014.
96 Vgl. *Benyamini, Y.*, 2011.

WAS KONKRET TUN?

Richtiges Führungsverhalten ist ein zentrales Element für die Leistungsfähigkeit der Mitarbeiter und der Vermeidung arbeitsbedingter Belastungen. Die praktische Erfahrung zeigt vor allem, dass Führungskräfte die Ressourcen von sich selbst und ihren Mitarbeitern kennen müssen, damit sie im Alltag Anforderungen so gestalten können, dass Mitarbeiter resilienter werden und nicht durch Über- oder Unterforderung in schlimmster Folge depressiv werden oder einen Burn-out erleiden. All dies impliziert, dass sich Führungskräfte nur richtig verhalten können, wenn sie situationelle Einflüsse erkennen und ihren Führungsstil so einsetzen, dass sowohl Leistung als auch Gesundheit berücksichtigt werden. Dabei können Faktoren wie die Führungskultur eine große Rolle spielen. Entscheidend sind die entstehenden Interaktionen zwischen dem Menschen, seiner erlebten (Arbeits-)Situation und der Organisation, über die die Führungskraft vielfältige Effekte erzielen kann. Ein erfolgreicher, leistungs- und gesundheitsorientierter Führungsstil umfasst somit die Gestaltung der Arbeitssituation hinsichtlich:

- dem freien Willen der Mitarbeiter (kein Zwang) bei Vermeidung von Selbstausbeutung,

- Sinn, Handlungsspielraum und Rückkopplung,

- dem Kohärenzgefühl in Bezug auf die Tätigkeit,

- der beschrieben Sensibilisierung für das Verhältnis von Anforderung und Ressourcen und dem damit verbundenen Gleichgewicht.

Weiterhin kann aus der Führungsforschung heraus zumindest sicher gesagt werden, welche Faktoren – zumindest langfristig – der Gesundheit und somit auch Leistung entgegenstehen. Hieraus resultieren die wichtigsten Dinge, die eine Führungskraft nie tun sollte:

– ein negatives Beispiel geben,

– über Mitarbeiter „hinter deren Rücken" schlecht reden,

– eigene Schwächen und Fehler nicht zugeben,

– Zusagen nicht einhalten,

– sich vor Entscheidungen drücken,

– sich diktatorisch verhalten,

– mit Angst führen,

– unbedachte Sprüche machen,

– das Gegenteil von dem sagen, was man meint,

– Vertrauen durch Kontrolle ersetzen.

Demgegenüber können Führungskräfte auch schon bei Beachtung der „klassischen" Führungsaufgaben vieles richtig machen (siehe Motivationstheorien). Kommt eine Führungsperson ihrer Aufgabe nach, eine anforderungs- und aufgabengerechte Arbeitsorganisation zu gestalten und sorgt weiterhin für eine der Qualifikation der Mitarbeiter angepasste Delegation von Aufgaben, ist schon viel erreicht.

Gibt sie konstruktives Feedback, und zwar rechtzeitig und nicht erst, wenn das Problem nicht mehr zu lösen ist bzw. geht sie konstruktiv mit Misserfolg um? Hält sie sich an gegebene Zusagen? Unterstützt sie Mitarbeiter in richtigem Maße bei der Zielerreichung und vor allem handelt sie gerecht hinsichtlich Lob und Wertschätzung? In diesem Kontext stellt Robert I. Sutton, bekannter Vordenker in Harvard, fünf Fragen an einen Chef[97]:

1. *Befolgen Sie Lasordas Gesetz*[98]*?*
Gemeint ist hier ein konstruktives Mittelmaß zwischen zu energischer und zu lascher Haltung.

2. *Haben Sie Biss?*
Hier bezieht sich Sutton auf Eigenschaften wie Geduld, stetiges Vorantreiben und langfristige Planung (wie beim Marathon).

3. *Ermöglichen Sie Ihren Leuten kleine Erfolge?*
Ist die Aufgabe in einer Abfolge kleiner, realistischer Schritte organisiert?

4. *Hüten Sie sich vor dem „toxischen Tandem"?*
Passen vorgelebtes Bild und Handlung zusammen, wird Wertschätzung und Anerkennung gegeben?

5. *Stärken Sie Ihren Leuten den Rücken?*
Ist die Führungskraft bereit, sich auch im Konfliktfall vor die eigenen Leute zu stellen?

Zusammenfassend kann festgestellt werden, dass, wenn ein Metaverhalten gesucht wird, vor allem Faktoren wie Fairness, Wertschätzung, gute Organisation und Delegation, Kontinuität sowie die Fähigkeit, sich der Situation anpassen zu können, für Führungsverhalten wichtig zu sein scheinen. Führungskräfte sind sicherlich nicht alleine verantwortlich für Gesundheit und Leistung in einem Unternehmen. Wenn jedoch im Sinne geteilter Verantwortung zwischen Mitarbeitern, Füh-

---

97 Vgl. *Sutton, R.I.,* 2010.
98 Lasorda ist ein bekannter amerikanischer Baseballcoach, der das Bild prägte, dass ein Manager agieren muss wie mit einer Taube in der Hand: Drückt er zu fest zu, stirbt die Taube, lässt er zu locker, fliegt sie weg.

rungskräften und der Organisation selbst die jeweiligen Rollen im Sinne eines gesunden und leistungsstarken Unternehmen definiert und angenommen werden, haben Führungskräfte einen großen Einfluss auf die Gesundheit ihrer Mitarbeiter.

4. Betriebliches Eingliederungsmanagement (BEM)

4.1 Einführung

Das betriebliche Eingliederungsmanagement (kurz: BEM) ist ein Verfahren zur erfolgreichen Wiedereingliederung langzeiterkrankter Mitarbeiterinnen und Mitarbeiter mit dem Ziel neue Arbeitsunfähigkeit zu verhindern und Arbeitsplatzerhalt zu erreichen. Mitarbeiter, die krankheitsbedingt immer wieder oder über einen längeren Zeitraum ausfallen, haben ein erhöhtes Risiko, ihren Arbeitsplatz zu verlieren. Ein professionelles BEM kann das Risiko des krankheitsbedingten Arbeitsplatzverlustes reduzieren.

Als Ansprechpartner für den BEM-Prozess kommen im Unternehmen verschiedene Personen in Betracht: Mitarbeiter, die lange oder wiederholt krank sind oder die ärztliche Atteste für Einsatzbeschränkungen vorlegen. Weiterhin kommen Mitarbeiter, bei denen eine stufenweise Wiedereingliederung angeregt wird oder bei denen Führungskräfte Unterstützungsbedarf erkennen, in Betracht. Hierbei ist das Fingerspitzengefühl der Führungskraft für Kommunikation und Organisation entscheidend. Ferner gibt es Mitarbeiter, die aufgrund von Eigeninitiative Unterstützung in Krankheitsfragen benötigen. Dabei kann das BEM-Verfahren die fachliche Unterstützung sicherstellen. Zum Adressatenkreis gehören auch Mitarbeiter, bei denen sonstige Hinweise auf Gefährdungen am Arbeitsplatz oder andere Risiken für die Beschäftigungsfähigkeit vorliegen.

Für Unternehmen entstehen durch Langzeiterkrankte erhöhte Kosten, einerseits durch die Umverteilung der Arbeit oder durch den Einsatz von Leiharbeitnehmern, anderseits durch den Verlust von Erfahrung und Wissen des jeweiligen Mitarbeiters. Gelingt es, Langzeiterkrankte wieder in den Arbeitsprozess zu integrieren, nimmt ein Unternehmen nicht nur seine soziale Verantwortung wahr, sondern hat auch einen wirtschaftlichen Nutzen. Aus diesen Gründen ist das betriebliche Eingliederungsmanagement (BEM) ein wichtiges Instrument, um längerfristig oder wiederholt erkrankte Beschäftigte im Unternehmen zu halten[99].

BEM ist aber auch eine gesetzliche Verpflichtung für alle Arbeitgeber, um Erkrankungen am Arbeitsplatz vorzubeugen bzw. erkrankte Be-

---

99 *C. Beyer; Wallmann, P.C.,* 2009.

schäftigte nach erfolgreicher Rehabilitation wieder im Unternehmen einzugliedern[100]. Das BEM-Verfahren soll den Beschäftigten unter Berücksichtigung gesundheitlicher Einschränkungen eine stufenweise Wiedereingliederung nach § 74 SGB V und § 28 SGB IX ins Arbeitsleben ermöglichen. Dies bedeutet, dass arbeitsunfähige Mitarbeiter nach ärztlicher Feststellung ihre alte Tätigkeit teilweise wieder aufnehmen sollen und durch eine stufenweise Wiederaufnahme ihrer Arbeit besser in das Erwerbsleben eingegliedert werden. Die Interessensvertretung hat die Aufgabe den Prozess zu kontrollieren und zu überwachen, ob der Arbeitgeber die ihm obliegenden Verpflichtungen erfüllt.

Der Gesetzgeber hat die Rahmenbedingungen eindeutig festgelegt, aber die betriebsinterne Konkretisierung des Verfahrens wird häufig zwischen den betrieblichen Akteuren und Interessenvertretern vereinbart, um bestimmte Aspekte des BEM detaillierter zu regeln, z.B. die Zusammenarbeit der Beteiligten. Aus diesem Grund können betriebsindividuelle Konzepte in Form einer Betriebsvereinbarung näher beschrieben werden. Eine Betriebsvereinbarung zur Stärkung und Wiederherstellung der Gesundheit ist sehr wichtig, sowohl für das interne Betriebsklima, als auch für die Qualität und Produktivität bei der Arbeit und damit für die Sicherung der Wettbewerbsfähigkeit des Unternehmens[101]. Die Mitarbeiterinnen und Mitarbeiter werden beim BEM aktiv einbezogen. Ihnen kann zum Beispiel ein geeigneterer oder angepasster Arbeitsplatz angeboten werden, wobei im Falle von Schwerbehinderung häufig eine finanzielle Förderung durch das Integrationsamt notwendig ist. Eine weitere Maßnahme kann eine Weiterqualifizierung oder Rehabilitation des Mitarbeiters sein[102]. Die Auswahl der zu treffenden Maßnahme wird in den Unternehmen häufig durch mehrere Beteiligte, wie z.B. Betriebsrat, BEM-Beauftragte, Personalabteilung abgestimmt. Hilfreich für die Einzelfallentscheidung können sogenannte BEM-Projektteams bei der Auswahl der bestmöglichen Lösung sein. Einige Unternehmen und Behörden bevorzugen einzelne unabhängige BEM-Beauftragte als sogenannte „Lotsen", die den Betroffenen in einem ersten Aufklärungsgespräch über deren Möglichkeiten informieren und zur Seite stehen.

---

100 Vgl. Sozialgesetzbuch (SGB) Neuntes Buch (IX) § 84 Abs. 2, 2004.
101 Vgl. *Beyer, C.*, 2009.
102 Vgl. *Beyer, C.; Wallmann, P.; Wieland, C.*, 2009.

GESETZLICHE GRUNDLAGEN

Das BEM ist seit 2004 im § 84 Absatz 2 SGB IX verankert. Das Gesetz verpflichtet den Arbeitgeber, tätig zu werden, wenn Beschäftigte über einen Zeitraum von mehr als 6 Wochen arbeitsunfähig erkrankt sind. Es sieht dazu die Zusammenarbeit der unterschiedlichen Interessensvertretungen im Sinne § 93 (Betriebs- oder Personalrat bzw. Schwerbehindertenvertretung)[103] vor. Optional kann der Betriebsarzt in einem BEM-Verfahren hinzugezogen werden. Für die Durchführung des BEM-Verfahrens ist die Zustimmung und Beteiligung der betroffenen Person zwingend erforderlich. Die Rehabilitation und Teilhabe behinderter Menschen ist nach § 26 SGB IX ebenfalls beim BEM-Verfahren zu berücksichtigen. Nach § 42 SGB V „Belastungserprobung und Arbeitstherapie" handelt es sich bei der Belastungserprobung um eine Maßnahme der medizinischen Rehabilitation, die vor allem der Feststellung der gesundheitlichen Belastbarkeit für eine berufliche Weiterbildung oder Wiederaufnahme der alten Tätigkeit dient. In der sozialen Entschädigung ist die Belastungserprobung eine der Leistungen der Heilbehandlung nach SGB VII, § 27 Abs. 2 Nr. 7 und der Krankenbehandlung nach SGB V § 27. Abs. 1 Nr. 6. Unternehmen, die ein betriebliches Eingliederungsmanagement einführen, können nach § SGB IX § 84 Abs. 3 durch die Rehabilitationsträger und Integrationsämter finanzielle Unterstützung erhalten.

Die Durchführung des BEM-Verfahrens kann nur mit schriftlicher Zustimmung der betroffenen Person erreicht werden. Aus diesem Grund ist häufig die Information des betreffenden Mitarbeiters, weshalb der Arbeitgeber oder der BEM-Beauftragte nach sechs Wochen Arbeitsunfähigkeit an ihn herantritt, der erste Schritt. Es sollte dem Mitarbeiter das Ziel und der Ablauf des Verfahrens erklärt werden. Nach § 84 Abs. 2 SGB IX verlangt der Gesetzgeber ausdrücklich, dass der Arbeitgeber auf Art und Umfang der im Rahmen des BEM-Verfahrens erhobenen und verwendeten Krankheitsdaten hinweist. Die schriftliche Einwilligung des Arbeitnehmers zur Nutzung seiner personenbezogenen Daten hat nach § 4 Abs. 3 Bundesdatenschutzgesetz zu erfolgen[104].

Der betroffene Mitarbeiter hat das Recht das BEM-Verfahren ohne Begründung abzulehnen. Jedoch kann sich der Mitarbeiter bei einem arbeitsgerichtlichen Verfahren, z.B. nach Ausspruch einer krankheitsbedingten Kündigung, nicht darauf berufen, dass ein BEM-Verfahren nicht durchgeführt oder eine behindertengerechte Anpassung des Ar-

---

103 Vgl. *Giesert, M.; Wendt-Danigel, C.,* 2011.
104 Vgl. Sozialgesetzbuch (SGB) IX – § 84 Abs. 2, 2004.

beitsplatzes nicht versucht wurde. Eine krankheitsbedingte Kündigung, die ohne Durchführung des BEM-Verfahrens gemäß § 84 Abs. 2 SGB IX ausgesprochen wurde, ist in der Regel unverhältnismäßig und somit unzulässig. Der Gesetzgeber spricht hier von der öffentlich-rechtlichen Präventionspflicht des Arbeitgebers, die sogar arbeitsvertragliche Pflichten auslöst. Das Gesetz fordert die Durchführung eines betrieblichen Eingliederungsmanagements in jedem Einzelfall[105]. Die Verfahrensabläufe sind im jeweiligen Unternehmen aufzubauen und zu organisieren, wobei die Organisation in Abstimmung wie zuvor beschrieben mit dem Betriebsrat zu erfolgen hat.

NUTZEN FÜR DEN BETRIEB

Von der erfolgreichen Durchführung eines BEM-Verfahrens profitieren alle beteiligten Parteien. Der Beschäftigte überwindet seine Arbeitsunfähigkeit und behält auf Dauer seinen Arbeitsplatz. Bei Berücksichtigung der Ursachen der Arbeitsunfähigkeit kann einer erneuten Erkrankung oder einer Chronifizierung der Krankheit entgegen gewirkt werden. Der Arbeitgeber sollte in Zeiten des Fachkräftemangels und drohenden Verlusts des Knowhows langjähriger Mitarbeiter ein starkes Interesse daran haben, seine erfahrenen und eingearbeiteten Mitarbeiter im Unternehmen zu halten. Die Durchführung des BEM hat für den Arbeitgeber einen großen Nutzen im Hinblick auf die Personalkosten (Lohn- oder Gehaltsfortzahlungen im Krankheitsfall), da sich diese verringern und unvorhergesehene Mehrausgaben für Krankheitsvertretungen und Überstunden entfallen. Der Arbeitgeber hat kalkulierbare Kosten statt unerwarteter Ausgaben.

Die zunehmende Arbeitsverdichtung und der demografische Wandel haben Auswirkungen auf die Gesundheit von Beschäftigten. Es treten vermehrt gesundheitliche Probleme bei Beschäftigten auf, die in direktem Zusammenhang mit den Arbeitsbedingungen stehen. Für die Durchführung eines BEM ist es aber nicht entscheidend, ob die Ursache der Arbeits-/Dienstunfähigkeit betrieblicher, privater oder anderer Natur ist. Deshalb ist es notwendig, Strategien und Handlungsmöglichkeiten für Sicherheit und Gesundheit bei der Arbeit, besonders in Zusammenarbeit mit den unterschiedlichen Interessengruppen, wie z.B. Schwerbehindertenvertretungen oder den Betriebs- und Personalräten, voll auszuschöpfen. Dadurch erreicht der Arbeitgeber eine Erhöhung der Mitarbeiterzufriedenheit und steigert die Attraktivität des Unternehmens gegenüber seinen Kunden, aber auch für potenzielle Mitarbeiter.

---

105 Vgl. *Giesert, M.; Wendt-Danigel, C.,* 2011.

Durch Maßnahmen der Prävention, Gesundheitsförderung und Rehabilitation können die betrieblich beeinflussbaren Fehlzeiten und
Krankheitskosten reduziert, die Arbeitszufriedenheit und -motivation
gesteigert, Arbeitsplätze erhalten, der Arbeitsplatz und die Organisation optimiert und Kosten vermieden werden. Eine stringente Durchführung des BEM-Prozess gibt dem Unternehmen Rechtssicherheit.

Partner außerhalb des Unternehmens sind die Rehabilitationsträger
(Krankenversicherungen) und bei Schwerbehinderten die Ämter für
die Sicherung der Integration schwerbehinderter Menschen im Arbeitsleben (Integrationsämter). Diese externen Stellen sollen die Beteiligten im Unternehmen bei der Umsetzung des BEM unterstützen.
Das geschieht zum einen durch die Bewilligung von Leistungen, die
im Einzelfall erforderlich sind, zum anderen aber auch durch Rat und
Hilfe bei der generellen Einführung des BEM im Betrieb.

NUTZEN FÜR DIE BESCHÄFTIGTEN

Die Vorteile für den betroffenen Beschäftigten ist die Vermeidung von
Überforderungen am Arbeitsplatz, die Erhaltung seiner Gesundheit
und die Vorbeugung einer drohenden Chronifizierung von Erkrankungen. Nach einer Langzeiterkrankung bedeutet die schnelle Wiedereingliederung für den betroffenen Mitarbeiter auch, dass frühzei-
tiger sein volles Gehalt anstelle Krankengelds gezahlt wird.

Die Einbeziehung von anderen Personen oder Stellen in den BEM-
Prozess ist abhängig von der Zustimmung durch den betroffenen Mitarbeiter. Letztendlich sind alle Maßnahmen auf den Erhalt des Arbeitsplatzes ausgerichtet und sollen den Beschäftigten unterstützen.[106]
Aus diesem Grund kommen aber auch Mitwirkungspflichten auf den
Arbeitnehmer zu, ohne die ein betriebliches Eingliederungsmanagement nicht möglich wäre. Das bedeutet in Konsequenz, dass der Beschäftigte gewisse Daten, wie z.B. Diagnosen bekanntgeben sollte,
um ein BEM-Verfahren sinnvoll durchzuführen zu können. Je mehr
Ursachen und Details bekannt sind, umso höher sind die Erfolgschan-
cen. Die sensiblen gesundheitlichen Angaben sollten aber nur dem
Umfang entsprechen, soweit sie zur Aufklärung notwendig sind und
zur Lösungsfindung beitragen. Der Datenschutz ist unbedingt zu berücksichtigen (siehe Kapitel 4.2). Des Weiteren ist die Beantragung
und Beschaffung von Hilfsmitteln bereits während der Arbeits-/
Dienstunfähigkeit sinnvoll, um Zeitverluste zu vermeiden. Sinnvoll für
den betroffenen Mitarbeiter sind u.a. frühzeitige Gespräche über eine

---

106 *C. Beyer, Wallmann, P.C.,* 2009.

innerbetriebliche Versetzung, eventueller Schulungsbedarf, schnellere Rückkehr aus dem Krankengeld in das volle Entgelt, eine Unterstützung bei der Beantragung von Leistungen sowie die Vermeidung von Arbeitslosigkeit.

4.2 Datenschutz im Betrieblichen Eingliederungsmanagement

Die Verarbeitung von personenbezogenen Daten zum Zweck des BEM-Verfahrens regelt § 84 Abs. 2 SGB IX in Verbindung mit § 32 Bundesdatenschutzgesetz (BDSG). Aus dem BDSG ergeben sich einige datenschutzrechtliche Fragen. Diese betreffen vor allem den Umgang mit den Daten, die bei der Durchführung des BEM gesammelt werden. Zunächst ist festzuhalten, dass das BEM immer mit einer Datenerhebung beim Betroffenen beginnt. Bereits aus § 84 Abs. 2 SGB IX ergibt sich, dass der Betroffene dafür in jedem Fall seine Einwilligung gegeben haben muss. Die genannten Rechtsgrundlagen erlauben die Erhebung der personenbezogenen Daten zum Erstkontakt in dem Verfahren.

Für die Durchführung des BEM sowie für das Speichern, Verändern, Übermitteln, Sperren, Löschen und Nutzen von Daten, das BEM-Verfahren betreffend, ist die Einwilligung des betroffenen Beschäftigten notwendig. Es ist eine Datenschutzvereinbarung nach BDSG zu treffen, wonach die betroffene Person auf die Ziele des BEM sowie auf Art und Umfang der hierfür erhobenen und verwendeten Daten hinzuweisen ist. Die erhobenen personenbezogenen (pb) Daten dürfen ausschließlich für Zwecke des BEM verwendet werden, eine weitere Nutzung für arbeitsvertragsrechtliche Zwecke ist untersagt.

Sofern die Weitergabe der personenbezogenen Daten an Dritte erforderlich wird, ist der betroffene Beschäftigte darüber aufzuklären und seine schriftliche Einwilligung einzuholen. Wenn zum Beispiel Ärzte befragt oder eventuelle gesundheitliche Daten erörtert werden sollen, dürfen Ärzte die gesundheitlichen Informationen nur weitergeben, sofern der betroffene Mitarbeiter sie schriftlich von der Schweigepflicht entbunden hat. Die erhobenen Daten und Informationen aus dem BEM-Verfahren dürfen ausschließlich für die Ziele des BEM verwendet werden. Die Aufbewahrung der Daten des Verfahrens, wie z.B. Gesprächsprotokolle und Maßnahmenpläne, sollen in einer speziellen BEM-Akte im laufenden Verfahren von der jeweiligen verantwortlichen Person geführt und aufbewahrt werden. Sie werden nicht Bestandteil der Personalakte. Der Zugriff durch Dritte ist auf jeden Fall zu verhindern bzw. auszuschließen. Die BEM-Akte ist drei Jahre nach Abschluss des BEM zu vernichten oder alternativ dem betroffenen Beschäftigten gegen Empfangsbestätigung auszuhändigen. Der Beschäftigte hat jederzeit das Recht, Einsicht in die Unterlagen zu nehmen und diese für seine Zwecke zu vervielfältigen. Die für die Durchführung verantwortliche Organisationseinheit oder der BEM-Beauftragte ist durch eine Vereinbarung im Rahmen der Aufgaben des BEM zur Verschwiegenheit zu verpflichten. Die Verschwiegenheitspflicht der Beteiligten gilt auch gegenüber dem Arbeitgeber und der Personalabteilung. Für die Unterzeichnung einer Vereinbarung zur Verschwiegenheit hat der Arbeitgeber von Anfang an Sorge zu tragen.

4.3 Organisation und Ablauf des Betrieblichen Eingliederungsprozesses

Die gesetzliche Verpflichtung, ein betriebliches Eingliederungsmanagement umzusetzen, gilt für alle Betriebe, unabhängig von der jeweiligen Betriebsgröße und Branche. Das BEM-Verfahren soll nicht nur in großen und mittleren Unternehmen, sondern auch in Kleinunternehmen stattfinden. Zur innerbetrieblichen Organisation des BEM kann es hilfreich sein, die Abläufe und Zuständigkeiten in einer Betriebs- oder Dienstvereinbarung zu regeln. Eine genaue Definition der betrieblichen Verfahren des BEM sorgt für eine einheitliche Regelung zur Gleichbehandlung der Beschäftigten. In einer innerbetrieblichen Vereinbarung sollten u. a. die handelnden Personen und deren Funktion im BEM benannt werden, wie z. B. BEM-Beauftragter, Betriebsarzt oder Integrationsteam.

Viele Unternehmen setzen zur besseren Abwicklung ein Integrationsteam ein. Der BEM-Beauftragte ist als Bindeglied zwischen den verschiedenen Interessensvertretungen anzusiedeln. Er hält nicht nur Kontakt mit dem Betroffenen, sondern auch mit der Personalabteilung, dem Betriebsrat und weiterer Interessensvertretung. Interessensvertretungen sind u. a. Betriebs- und Personalräte, Frauenbeauftragte, Mitarbeiter-, Jugend- und Schwerbehindertenvertretungen.

A) BETEILIGTE UND RAHMENBEDINGUNGEN

Das betriebliche Eingliederungsmanagement wird in größeren Betrieben von einem BEM-Team begleitet und gesteuert. Für ein strukturiertes und erfolgreiches BEM setzen heutzutage Betriebe und Behörden auf die Gründung eines solchen BEM-Teams, das den gesamten Prozess begleitet und auch Entscheidungen treffen darf und kann. Der BEM-Beauftragte und das verantwortliche BEM-Team können sich durch externe Schulungen die erforderlichen fachlichen, sozialen, organisatorischen und methodischen Kompetenzen aneignen und dann selbstständig bis zu einem abgestimmten Umfang, z. B. durch eine betriebliche Vereinbarung, tätig werden. Als Grundlage der Zusammenarbeit werden durch das Team die Grundsätze und Aufgaben schriftlich formuliert.

Ein fester Bestandteil des BEM-Teams sind u.a. der Arbeitgeber oder Vertreter, der Betriebs- bzw. Personalrat, die Schwerbehindertenvertretung insbesondere bei schwerbehinderten Beschäftigten sowie der BEM-Beauftragte. Zu dem erweiterten Team gehören ggf. ein Betriebsarzt und der sogenannte Disabiltiy Manager[107]. Letzterer kann als zentrale Koordinationsstelle zur Einführung des BEM-Verfahrens installiert werden. Auf betrieblicher Ebene kann ein Disability Manager (BEM-Verantwortlicher) der Dreh- und Angelpunkt im BEM sein. Aus diesem Grund sollte er nicht nur Fachkompetenz in den Bereichen Datenschutz, Gesundheits- und Arbeitsschutz haben, sondern auch ein hohes Maß an Sozialkompetenz aufweisen. Er ist dazu fachlich ausgebildet, den Beschäftigten zu helfen, nach längerer Krankheit oder einem Unfall möglichst früh wieder an den Arbeitsplatz zurückzukehren. Er sorgt für eine umfassende Vernetzung der Beteiligten, inner- wie außerbetrieblich. Dennoch ist es in manchen Fällen erforderlich, zusätzliches inner- wie außerbetriebliches Fachpersonal hinzuzuziehen.

Je nach Umfang und Bedarf des BEM-Verfahrens und Abstimmung mit dem Mitarbeiter kann z.B. eine Sicherheitsfachkraft, der Vorgesetzte, der Datenschutzbeauftragte, die betriebliche Sozialberatung und der Gleichstellungsbeauftragte hinzugezogen werden. Sofern weitere fachliche Expertisen erforderlich werden, können auch noch technische Berater, die Krankenkasse, die Berufsgenossenschaft, die Rentenversicherung und auch andere Servicestellen im BEM-Verfahren eine sinnvolle Ergänzung sein. Die wichtigste Aufgabe des verantwortlichen BEM-Beauftragten ist zunächst die Analyse des Sachverhalts bzw. die vorliegenden Einschränkungen des Beschäftigten. Aufbauend auf den Erkenntnissen ist das vorrangige Ziel in Zusammenarbeit mit den am Prozess beteiligten Interessensvertretungen das Entwickeln von Lösungsmöglichkeiten. Der BEM-Beauftragte soll die Maßnahmen nicht nur initiieren und begleiten, sondern vielmehr aktiv daran mitwirken. Am Ende des BEM-Verfahrens kann durch den BEM-Beauftragten bei entsprechender Betriebsvereinbarung eine Abschlussdokumentation erstellt werden.

---

107 DGUV, www.dguv.de, 2016.

B) VERFAHRENSABLAUF (FLOW CHART UND BESCHREIBUNG)

Die Einleitung eines BEM-Verfahrens ist in der Regel auf unterschiedliche Vorgehensweisen möglich. Die Anregung zu BEM kann durch den betroffenen Beschäftigten, den behandelnden Arzt, den Betriebsarzt, das Krankenhaus, die Rehaklinik, die Krankenkasse oder den Arbeitgeber erfolgen. Die erste und häufigste Variante ist, dass die Personalabteilung aufgrund einer 6-wöchigen Arbeits-/Dienstunfähigkeit des betroffenen Mitarbeiters den BEM-Prozess einleitet. Die zweite Variante einer BEM-Verfahrenseinleitung ist, dass die Beschäftigten den Prozess jederzeit vorsorglich und unabhängig von der Arbeits-/Dienstunfähigkeit von sich aus einleiten können. Dazu können sich die Beschäftigten an den jeweils zuständigen BEM-Beauftragten oder an eine andere Interessensvertretung wenden. Des Weiteren besteht auch häufig in Betrieben die Möglichkeit, sich alternativ an eine Person des Vertrauens zu wenden.

Das BEM-Verfahren kann für beendet erklärt werden, sofern der betroffene Beschäftigte nach dem Erstkontakt das BEM ablehnt (siehe auch Kapitel 4.3). Als Ergebnis der Fallbesprechung kann sich herausstellen, dass keine Maßnahmen erforderlich oder hilfreich sind. Nach der Durchführung von Maßnahmen steht eine Wirksamkeitsprüfung an. Sind die Maßnahmen nicht erfolgreich, erfolgt ein erneutes Gespräch oder Fallbesprechung auf Grundlage der gewonnen Erkenntnisse.

Verfahrensschaubild BEM

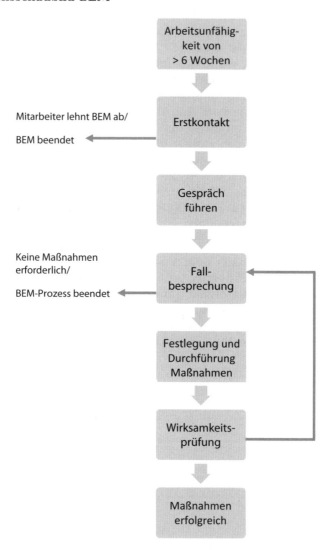

Abbildung 4-1: BEM-Prozess Flow Chart

C) GESTALTUNG EINER BETRIEBS- ODER DIENSTVEREINBARUNG

Die Betriebs- oder Dienstvereinbarung soll zum Wohl aller Beschäftigten ein Optimum an Begleitung, Unterstützung und Förderung bei langer oder anhaltender Arbeits-/Dienstunfähigkeit sicherstellen. Aus diesem Grund ist die Ausgestaltung in einer Betriebs- oder Dienstvereinbarung mit bestimmten Inhalten zu gestalten. Die Vereinbarung sollte die folgenden Punkte behandeln:

1. In der *Präambel* werden die gemeinsamen Grundlagen und Ziele von Arbeitgeber, betrieblicher Interessensvertretung und Schwerbehindertenvertretung für das BEM-Verfahren im jeweiligen Unternehmen oder der Behörde festgelegt. Die gemeinsame Arbeit zum Wohl der Beschäftigten als auch letztendlich die gemeinsame Weiterentwicklung und Optimierung des Verfahrens wird übergreifend erklärt.

2. Die *Ziele* des betrieblichen Eingliederungsmanagements nach SGB IX, § 84 Abs. 2 und die Konkretisierung der betrieblichen Situation sowie der Abläufe werden festgehalten.

3. Die Festlegung des *Geltungsbereichs* ist sehr wichtig, da das BEM für alle Beschäftigte, nicht nur für Leistungsgewandelte mit Behinderung oder Gleichgestellte, gilt.

4. Die *Maßnahmen zur Umsetzung* sind entsprechend zu nennen und festzulegen. Das bedeutet, dass z.B. die schriftliche Beauftragung des Integrationsteams, die Beteiligung des Betriebsarztes oder sonstiger BEM-Beauftragter festgehalten wird. Die schriftliche Festlegung der Verantwortlichen und deren Aufgaben ist sinnvoll, so dass die einzelnen Kompetenzen von Anfang an eindeutig geklärt sind. Die Erfassung von AU-Zeiten, die Bedarfsfeststellung und die Auslösung des BEM-Verfahrens muss eindeutig geregelt sein. Des Weiteren ist es wichtig, dass die Maßnahmen und die betrieblichen Angebote zur Eingliederung beschrieben sind. Festzuhalten ist ebenfalls, wer die Koordination im Einzelfall übernimmt und sogar steuert. Im gesamten Prozess dürfen natürlich auch nicht die übergreifenden Maßnahmen fehlen. Aus diesem Grund ist die schriftliche Fixierung zur Sensibilisierung von Führungskräften, die Information und Kommunikation des Themas betriebliche Eingliederung und Gesundheitsschutz im Betrieb nicht zu unterschätzen.

5. Weiterhin ist beim betrieblichen Eingliederungsmanagement der Umgang mit dem *Datenschutz* von nicht zu unterschätzender Bedeutung (siehe Kapitel 4.2).

6. Die *Geltungsdauer* und weiterführende Hinweise zur Gestaltung von Betriebs- oder Dienstvereinbarungen sind schriftlich zu fixieren.

D) ERSTKONTAKT/ERSTGESPRÄCH

In der Praxis hat sich gezeigt, dass die Auswahl des rechtzeitigen Beginns (vor Ende der 6 Wochen Frist) des BEM einen entscheidenden Einfluss darauf hat, ob der Beschäftigte sich auf das BEM einlässt und aktiv an effektiven Lösungen mitwirkt.

Das Ziel des Erstkontakts besteht darin, den/die betroffenen Beschäftigten generell über die Möglichkeiten eines BEM zu informieren, zu signalisieren, dass dem Unternehmen die Gesundheit seiner Beschäftigten wichtig ist, und ein Vertrauensverhältnis aufzubauen. Der Erfolg eines BEM-Verfahrens ist entscheidend abhängig von der Zustimmung und Kooperationsbereitschaft des Mitarbeiters. Aus diesem Grund ist es besonders wichtig, dass die Kontaktaufnahme mit der betroffenen Person behutsam und mit der erforderlichen Wertschätzung erfolgt. Der Erstkontakt im BEM ist dann erfolgreich, wenn der Betroffene über die Ziele des BEM und den Umfang der zu erhebenden Daten (siehe Kapitel 4.2) genau informiert ist. Deshalb muss der Beschäftigte auch über die Freiwilligkeit der Teilnahme am BEM hingewiesen werden. Der Widerruf der Zustimmung zum BEM kann jederzeit schriftlich ohne negative Folgen für den Beschäftigten erfolgen.

Die erste Kontaktaufnahme kann durch den Arbeitgeber oder Vorgesetzten, einen BEM-Beauftragten oder den betriebsärztlichen Dienst hergestellt werden. Dies hängt von den betrieblichen Gegebenheiten und der betrieblichen Regelung ab. In der Praxis werden unterschiedliche Herangehensweisen angewendet. Eine ideale Lösung gibt es nicht, sie ist u.a. abhängig von der Betriebsorganisation.

Die Form des Erstkontaktes hängt von den Umständen des jeweiligen Falls und den betrieblichen Rahmenbedingungen ab. Nachdem der Arbeitgeber oder Dienstherr dem verantwortlichen BEM-Beauftragten die ersten Daten zum Fall übermittelt hat, gilt es zu überlegen, ob die Kontaktaufnahme persönlich im Unternehmen, telefonisch oder schriftlich erfolgen soll und was beim ersten Gespräch inhaltlich angesprochen werden soll. Einzig und allein ist entscheidend ist die individuelle Situation des betreffenden Beschäftigten.

4.4 Maßnahmenplan und Maßnahmenkatalog

Bei der Einführung von BEM sind verschiedene Punkte und Maßnahmen aufgrund des gesellschaftlichen Wandels zu berücksichtigen. Im Vordergrund stehen die Maßnahmen zur Sensibilisierung und Schulung von Führungskräften zum professionellen Umgang mit häufig oder Langzeitkranken. Weiterhin sind auch Maßnahmen zur ausreichenden Berücksichtigung der demografischen Veränderungen in der

Belegschaft bei der Planung und Einrichtung von Arbeitsplätzen oder bei der Vergabe von Tätigkeiten relevant. Die generelle Gesundheitsprävention im Betrieb (Betriebliches Gesundheitsmanagement, siehe Kapitel 2) stellt eine ähnliche Herausforderung an den Arbeitgeber und die Beschäftigten dar.

Die Erstellung des Maßnahmenplans ist ein enorm wichtiger Bestandteil des BEM-Verfahrens, da aus dem Maßnahmenplan die gemeinsam festgelegten, vereinbarten und erforderlichen Aktivitäten resultieren. Es gibt keine konkrete Richtlinie oder Formblätter für die Gestaltung. Aus diesem Grund können die Unternehmen eine individuelle und auf deren Prozess abgestimmte Form entwickeln. Grundsätzlich sollten nur ein paar elementare Inhalte im Maßnahmenplan, wie verantwortliche Personen, Termine, sonstige Bemerkungen, und seine Gültigkeitsdauer festgehalten sein. Zusätzliche Informationen zu Vorgesetzten und BEM-Beauftragten runden den Plan ab. Der Detaillierungsgrad ist entsprechend frei. Besonders wichtig ist jedoch, dass die schriftlich festgelegten Maßnahmen zeitnah abgearbeitet werden und auch realistisch bleiben. Ein entscheidender Vorteil für einen reibungslosen BEM-Prozess ist die Festlegung eines individuellen Maßnahmenkatalogs.

Der allgemeine Maßnahmenkatalog kann eine Vielzahl von individuellen Maßnahmen enthalten. Insbesondere können Maßnahmen in Betracht kommen, wie zum Beispiel:

- Arbeits- und Belastungserprobung durch eine sogenannte stufenweise Wiedereingliederung,

- Kur- und Reha-Anträge,

- Hilfe bei persönlichen Problemen,

- Vermittlung fachkompetenter, ggf. auch medizinischer oder psychologischer, Beratung auch zur unterstützenden Hilfe zur Selbsthilfe; weitere Maßnahmen sind u.a. Gesundheitstrainings,

- Coaching als lösungs- und zielorientierte Unterstützung im beruflichen Umfeld durch externe Anbieter,

- technische Aus- und/oder Umrüstung des Arbeitsplatzes,

- Veränderung der räumlichen Umgebung,

- Organisations- und Ablaufänderungen, z.B. Arbeitszeitreduzierung oder Telearbeit.

Alternativ kann auch ein Rückgriff auf Vorqualifikationen und die berufliche Weiterqualifizierung als sinnvoll betrachtet werden. Nicht zu unterschätzen sind auch die Sensibilisierung des personellen Umfelds oder Maßnahmen zur Verbesserung des Arbeitsklimas.

4.5 Beteiligte und ihre Rolle im Prozess der Betrieblichen Wiedereingliederung

Beteiligte am BEM	Rolle/Aufgaben
Personalabteilung	Veranlasst das Verfahren/Unterstützt bei der Eingliederung
Betriebsrat	Mitbestimmungspflicht nach BetrVG/Überwachung der getroffenen betrieblichen und gesetzlichen Vereinbarungen
Betriebsarzt	Beratung zur Konzeption und Umsetzung des BEM unter Berücksichtigung von medizinischen und ergonomischen Aspekten
Fachkraft für Arbeitssicherheit	Unterstützung und Beratung zur Arbeitsplatzgestaltung
Vorgesetzter	Anpassung der Arbeitsaufgabe an die Leistungseinschränkung des MA
Schwerbehindertenbeauftragter	Beratung in schwerbehinderten Angelegenheiten
BEM-Beauftragter	Bindeglied im Prozess/Ansprechpartner der betroffenen Person, ggf., Steuerung des Verfahrens
Datenschutzbeauftragter	Beratung und Unterstützung in Bezug auf Einhaltung des Bundesdatenschutzgesetzes (BDSG)
Qualitätsbeauftragter	Begleitet und unterstützt bei Prozessänderungen
Unfallversicherungsträger	Beratung im Arbeitsschutz
Integrationsämter	Beratung bei der Eingliederung schwerbehinderter Menschen in das Arbeitsleben

Tabelle 4-1: Beteiligte am BEM und ihre Rolle/Aufgaben

4.6 Beispiele zur Einführung im Unternehmen

Seit 2004 haben Unternehmen einen erweiterten Präventionsauftrag zu erfüllen. Der Gesetzgeber verlangt gemäß SGB IX (Rehabilitationsrecht) ein betriebliches Eingliederungsmanagement für alle Beschäftigten, deren Arbeitsplatz aufgrund einer gesundheitlichen Beeinträchtigung gefährdet ist und die damit aus dem Arbeitsleben herauszufallen drohen (siehe Kapitel 4.1). Dadurch ergänzen Arbeitgeber die Aufgaben der Rehabilitationsträger und Integrationsämter, die wiederum die Maßnahmen zur beruflichen Teilhabe finanzieren. Diese neue „return-to-work"-Strategie verlangt von vielen Beteiligten ein Agieren und Kooperieren. § 84 Abs. 2 Sozialgesetzbuch (SGB) IX gibt ausschließlich die Rahmenbedingungen und Dimension für die Einführung des betrieblichen Eingliederungsmanagements vor.

Eine ganzheitliche Betrachtung durch den Arbeitgeber ist bei der Durchführung des BEM-Prozess entscheidend für den Erfolg und die Rehabilitation der betroffenen Person. Die Gefährdungsbeurteilung des jeweiligen Arbeitsplatzes des betroffenen Beschäftigten ist ein zentrales, wenn nicht sogar das wichtigste Kriterium der Wiedereingliederung bzw. der BEM-Koordination. Die nachfolgenden Kapitel beschreiben exemplarisch spezielle Vorgehensweisen bei unterschiedlichen Arbeitgebern.

PRAXISBEISPIEL 1: BEM BEI EINEM GROßUNTERNEHMEN DER METALLINDUSTRIE

Das betriebliche Eingliederungsmanagement zeigte sich anfangs als Herausforderung für ein großes deutsches Unternehmen der Metallindustrie, weil dort primär finanzielle Ziele wie Ergebnisverbesserung durch Kostensenkung sowie eine maximale Steigerung der Produktivität vorgegeben waren.

Die Ressource Mensch wurde zunächst nur als großes Einsparpotenzial gewertet bzw. als Kostenfaktor eingeplant. Dabei zielte man primär nicht auf die Entlassung der Mitarbeiter ab, sondern insbesondere auf die Bedingungen am Arbeitsplatz und deren bessere Auslastung. Das Unternehmen erkannte im Laufe der Zeit aber zunehmend, dass die menschliche Arbeitskraft ein wertvolles Gut in der Wertschöpfungskette darstellt. Die Erfahrung der langjährigen Mitarbeiter wurde oftmals unterschätzt und nicht nachhaltig bewertet. Vor dem Hintergund der geänderten Einsicht formulierte das Unternehmen das Ziel, die Arbeits- und Beschäftigungsfähigkeit der Mitarbeiter zu erhalten und zu fördern, um in der Folge die Fehlzeiten minimieren zu können und die Produktionsstabilität zu erhalten. Langfristige Bindung von Mitarbeitern steigert aufgrund von erhöhter Motivation und Zufriedenheit auch die Produktivität – so die Erkenntnis. Der Wandel in der betrieblichen Gesundheitspolitik vom traditionellen Arbeits- und Gesundheitsschutz hin zur modernen innovativen Gesundheitsförderung mit aktivem betrieblichen Gesundheitsmanagement und BEM führte zum einen zum entscheidenden Kulturwandel im Unternehmen. Das Umdenken der Unternehmensleitung und die genaue Analyse der Belastungsfaktoren am Arbeitsplatz, verbunden mit dem Ziel das Risiko einer langfristigen Gesundheitsschädigung von Mitarbeitern zu reduzieren, führte zum anderen zur Steigerung der Motivation der Beschäftigten. Dies wurde durch regelmäßig durchgeführte Mitarbeiterbefragungen belegt. Durch diesen Wandel profitieren sowohl Arbeitgeber als auch Beschäftigte.

Das Unternehmen erstellte zunächst eine Bestandsaufnahme des vorhandenen betrieblichen Gesundheitsmanagements und arbeitete Defizite zu Anforderungen im SGB IX heraus. Die größte Herausforderung bestand dann in der Integration einer unabhängigen Koordinationsstelle und der beteiligten Interessensparteien. Die Personalabteilung sollte nicht mehr die sogenannten Krankenrückführgespräche durchführen und sah sich in ihren Kompetenzen beschnitten. Der Betriebsrat pochte auf sein Mitbestimmungsrecht bei den jeweiligen Entscheidungen. Eine Lösung fand das Unternehmen in der Einrichtung einer Koordinierungsstelle für das betriebliche Eingliederungsmanagement.

Jeder Produktionsstandort berief einen BEM-Beauftragten im Werk. Seitdem kümmert sich dieser um die Erstkontaktaufnahme zu dem betroffenen Beschäftigten, prüft ob er einen BEM-Prozess wünscht, steht stets zur Seite und begleitet den Mitarbeiter von Anfang bis Ende durch den Prozess.

Die Personalabteilung liefert nur noch Informationen, wenn ein Mitarbeiter mehr als 6 Wochen krank ist[108]. Alle anderen Interessenparteien sind zwar auch über diesen Stand informiert, werden aber nur bei Bedarf am BEM-Prozess beteiligt. Der Verfahrensablauf ist entsprechend der oben dargestellten Prozesskette gestaltet, siehe Abbildung 4-1, gestaltet.

PRAXISBEISPIEL 2: BEM IN EINEM MITTELSTÄNDISCHEN UNTERNEHMEN DER KUNSTSTOFFINDUSTRIE

Das Unternehmen aus der kunststoffverarbeitenden Industrie hat schon seit mehreren Jahren den BEM-Prozess installiert. Die Durchführung von BEM-Verfahren wurde aufgrund der gesetzlichen Bestimmungen eingeführt. Die Verankerung des BEM-Verfahrens zog aber im Gegensatz zum vorherigen Beispiel der Metallindustrie keinen Kulturwandel nach sich. Das Unternehmen hat die gesetzlichen BEM-Anforderungen zwar weitgehend umgesetzt, aber die damit ver-

---

108 Vgl. *Giesert, M.; Wendt-Danigel, C.*, 2011.

bundenen positiven Effekte und Intentionen nicht ausreichend nutzen können.

Eine negative Einstellung von Mitarbeitern entstand, weil der BEM-Prozess in der Personalabteilung installiert wurde: Die BEM-Koordinierungsstelle wurde in den Händen in der Personalabteilung belassen, um einen direkten Zugriff auf die einzelnen Daten zu haben. Die Umsetzung der Maßnahmen sollte durch die Personalabteilung gesteuert und dort auch direkt veranlasst werden. Hier wurde seitens der Mitarbeiterschaft die fehlende Neutralität bemängelt. Es kam oft zu Komplikationen und Abbrüchen innerhalb der Prozesskette, wobei im Endeffekt das laufende BEM komplett abgebrochen wurde. Nahezu 85 % der eingeleiteten BEM-Verfahren endeten vorzeitig. Gründe für den vorzeitigen oder unvollständigen BEM-Prozess lagen häufig auch in Unstimmigkeiten und Missverständnissen der einzelnen Parteien über die erforderlichen Maßnahmen, so dass der eigentliche Fokus, die Eingliederung des betroffenen Beschäftigten, nicht mehr im Mittelpunkt stand. Nach dem Erstkontakt, der Sammlung von Informationen und ggf. kleineren Maßnahmen kam das BEM in vielen Fällen zum Erliegen. Weder die Erfolgskontrolle, die Entwicklung von Schulungs- und Sensibilisierungsmaßnahmen, noch eine Betriebsvereinbarung, die ausreichend das BEM-Verfahren beschreibt, wurde erarbeitet.

Das ursprüngliche Problem des Scheiterns liegt vor allem in der schlechten Vorbereitung und Überzeugungsarbeit des Unternehmens. Die Gründe für die Installation eines BEM und Sinnhaftigkeit wurde den Mitarbeitern nicht ausreichend erklärt. Entscheidend für den Erfolg des BEM ist eine verständliche Zieldefinition, welche den Mitarbeitern Lösungsansätze (Wege) aufzeigt und den Arbeitgeber als verlässlichen Partner einschätzen lässt.

PRAXISBEISPIEL 3: BEM BEI EINER BEHÖRDE

Eine Trägerschaft des öffentlichen Rechts setzte sich in Folge der Gesetzgebung mit dem betrieblichen Eingliederungsmanagement auseinander und verstand BEM als einen Schlüssel zum Erfolg für die Behördenkultur. BEM wurde der integrierte Bestandteil eines Gesamtkonzepts (siehe Kapitel 2).

Die Behörde schloss eine Dienstvereinbarung für alle Beschäftigten ab, um eine optimale Begleitung, Unterstützung und Förderung bei länger Arbeits-/Dienstunfähigkeit anzubieten. Es wurde eine zentrale BEM-Koordinationsstelle für die Einleitung des Verfahrens eingerichtet. Für die Durchführung des Verfahrens ist der jeweilige vom Betrof-

fenen ausgewählte BEM-Beauftragte zuständig. Die Koordinierungsstelle klärt den Mitarbeiter über den BEM-Prozess und seine Rechte
auf. Er ist von Anfang bis zum Ende der Ansprechpartner der betroffenen Person. Die Auswahl von BEM-Beauftragten erfolgt über Sozialkompetenz sowie Bereitschaft, sich entsprechend weiter zu qualifi-
zieren. Die BEM-Beauftragten sind bei Wahrnehmung der in der
Vereinbarung beschriebenen Aufgaben weisungsfrei, so dass sie ausschließlich zum Wohle des Beschäftigten agieren können.

Das BEM-Verfahren ist eindeutig und für jeden Beschäftigten nachzu-
vollziehen. Die erste Kontaktaufnahme mit BEM wird durch ein
freundliches Schreiben seitens des BEM-Beauftragten eingeleitet. Anschließend, nach Zustimmung des betroffenen Beschäftigten, folgt
eine detaillierte Arbeitsplatz- und Problemanalyse mit einer Gefährdungsbeurteilung, Maßnahmenplanung und Wirksamkeitskontrolle.
Der betroffene Beschäftigte wird über seine Rechte aufgeklärt. Nach
dem Abschluss des BEM-Verfahrens erhalten die Beteiligten vom
BEM-Beauftragten einen Abschlussbericht und Informationen über
die erzielten Erfolge.

4.7 Resümee

Das betriebliche Eingliederungsmanagement ist ein wichtiges Instrument im Arbeits- und Gesundheitsschutz. Das BEM muss als Teil eines
Gesamtkonzepts von Gesundheitsmaßnahmen verstanden werden
(siehe Kapitel 2) und ist somit Bestandteil der Unternehmenskultur. Es
muss zum Wohle aller Beschäftigten aber sinnvoll aufgebaut werden.
Bei professioneller Durchführung können Beschäftigte im Unternehmen tätig bleiben und somit zum Unternehmenserfolg weiter beitragen.

Das BEM darf nicht als Kontroll- und Überwachungssystem des Arbeitgebers verstanden werden, sonst entfaltet es keine Wirkung und
verfehlt sein Ziel. Vielmehr sind alle am BEM beteiligten Personen
und Interessensparteien gleichberechtigte Partner bei der Suche nach
geeigneten Lösungen, die den betroffenen Beschäftigten in die Lage
versetzen, seine Tätigkeit auch künftig erfolgreich fortsetzen zu können. Sowohl die Arbeitgeberseite als auch die betroffenen Beschäftigten profitieren vom BEM. Dem betroffenen Beschäftigten bleibt der
Arbeitsplatz langfristig erhalten, der Arbeitgeber kann dauerhaft auf
die Fähigkeiten und Erfahrungen eines eingearbeiteten und wertvol-
len Mitarbeiters vertrauen.

Literaturverzeichnis

Aktivitäten und Ergebnisse der GDA-Arbeitsprogramme 2008–2012, Hrsg: Nationale Arbeitsschutz Konferenz, Berlin, Juni 2014

Antonovsky, A. (1996): The salutogenic model as a theory to guide health promotion. Health Promotion International, 11 (1996), 11–18

Antonovsky, A.; Franke, A.: Salutogenese: Zur Entmystifizierung der Gesundheit Volume 36, p. 222. DGVT-Verl. Tübingen (1997), 37

Aufbruch Pflege, Moderne Prävention für Altenpflegekräfte, BGW Pflegereport 2006 Stand 12/2007

Bandura, A.: Self-efficacy: The exercise of control, Freeman New York, NY (1997), 604

Badura, B.; Münch, E.; Ritter, W.: Partnerschaftliche Unternehmenskultur und betriebliche Gesundheitspolitik, 1997 Gütersloh

Badura, B.; Ritter, W.; Scherf, M.: Betriebliches Gesundheitsmanagement, ein Leitfaden für die Praxis, 1999

Badura, B.; Walter, U.; Hehlmann, Th.: Betriebliche Gesundheitspolitik. 2. Auflage, 2010

Bakker, A.B.; Demerouti, E.: The Job Demands-Resources model: state of the art, Journal of Managerial Psychology, 22 (3) 2007, 309–328

Bechmann, S.; Jäckle, R.; Lück, P.; Herdegen, R.: Motive und Hemmnisse für Betriebliches Gesundheitsmanagement, iga. Report 20, 2. Aufl., 2011

Beck, D.; Richter, G.; Ertl, M.; Morschhäuser, M.: Gefährdungsbeurteilung bei psychischen Belastungen in Deutschland. Verbreitung, Hemmungen und fördernde Bedingungen; PrävGesundheitsf 7, 2012, S. 115–119

Becker, M.: Personalentwicklung, 4. Aufl., Stuttgart 2005

Benyamini, Y.: Why does self-rate health predict mortality? An update on current knowledge and a research agenda for psychologists, Psychology & Health, 26 (11) 2011, 1407–1413

Betriebliches Gesundheitsmanagement: Kosten und Nutzen. Springer, Berlin, Heidelberg 2008, S. 275–436

Beyer, C.; Wallmann, P.; Wieland, C.: Handlungsempfehlungen zum Betrieblichen Eingliederungsmanagement, LWL Integrationsamt Westfalen, 2009

BGW Aufbruch Pflege, Moderne Prävention für Altenpflegekräfte, BGW Pflegereport 2006 Stand 12/2007

BKK Gesundheitsatlas, Berlin, 2015, S. 15

BKK Gesundheitsreport, Berlin, 2014

Blancke et al, nach Richenhagen, G.: Leistungsfähigkeit, Arbeitsfähigkeit, Beschäftigungsfähigkeit und ihre Bedeutung für das Age Management, in Tagungsband zum Pfiff-Projekt, INQA

Bräunig, D.; Mehnert. K.: Qualität in der Prävention, Teilprojekt 5: Präventionsbilanz aus theoretischer und empirischer Sicht, Abschlussbericht, DGUV 2008

Bullinger, H.-J.; Braun, M.: Prävention mit Zukunft. Sicherheitsingenieur. 37 (2006), 4, 12–18

Bundesanstalt für Arbeitsschutz und Arbeitsmedizin (Hrsg.): Gefährdungsbeurteilung psychischer Belastung, ESV, Berlin 2014

Bundesministerium für Arbeit und Soziales, Bundesvereinigung der Deutschen Arbeitgeberverbände, Deutscher Gewerkschaftsbund (2013): Gemeinsame Erklärung psychische Gesundheit in der Arbeitswelt. Bonn: Bundesministerium für Arbeit und Soziales. September 2013. <http://www.bmas.de/SharedDocs/Downloads/DE/PDF-Publikationen / a-449-gemeinsame-erklaerung-psychische-gesundheit-arbeitswelt.pdf> (21. 12. 2015)

Bundeszentrale für politische Bildung, zitiert am 28. 10. 2014 http://www.bpb.de/wissen/1ITQWQ,0,0,Ausgew%E4hlte_Erwerbst%E4tigenquoten.html

Burisch, M.: Das Burnout Syndrom: Theorie der inneren Erschöpfung, Springer, Heidelberg 2014, S. 292

Chapman, L.: Meta-Evaluation of worksite health promotion economic return studies. Art Health Promot. 2003; 6: 1–16

Chapman, L: Meta-Evaluation of Worksite Health Promotion, Economic Return Studies: 2012 Update. American Journal of Health Promotion. 2012, 26(4): 1–12

DAK-Gesundheitsreport, Hamburg, 2015, S. 14

Deutsche Gesetzliche Unfallversicherung, So geht's mit Ideen-Treffen, Berlin, 2014

EUPD Research: Gesundheitsmanagement 2010, Strukturen, Strategien und Potentiale deutscher Unternehmen, Berichtsband 2010

Europäisches Netzwerk für betriebliche Gesundheitsförderung, Mai 1999, Fragebogen zur Selbsteinschätzung. Essen

Frischenschlager, O.: Vom Krankheits- zum Gesundheitsbegriff, 1996, S. 23–30

GDA-Arbeitsprogramm Psyche (2016): Empfehlungen der GDA-Träger zur Umsetzung der Gefährdungsbeurteilung psychischer Belastung. Zweite, erweiterte Auflage. Berlin: Bundesministerium für Arbeit und Soziales

Gesundheitsberichterstattung des Bundes, Bundesministerium für Gesundheit, KM 1/13-Statistik (gesetzliche Krankenversicherung: Mitglieder und Krankenstand der Pflichtmitglieder im Jahresdurchschnitt), August 2011, zitiert am 03. 11. 2014

Gesundheitsberichterstattung des Bundes, Bundesministerium für Gesundheit, KM 1/13-Statistik (gesetzliche Krankenversicherung: Mitglieder und Krankenstand der Pflichtmitglieder im Jahresdurchschnitt), August 2011, zitiert am 01. 12. 2015

Giesert, M.; Wendt-Danigel, C.: Handlungsleitfaden für ein Betriebliches Eingliederungsmanagement, Arbeitspapier 199, Hans Böckler Stiftung, 2011

GKV Spitzenverband, Leitfaden Prävention 2010, 2. korrigierte Fassung vom 10. November 2010

Hauner, Hans: Diabetesepidemie und Dunkelziffer, in: Prof. Hans Hauner, Prof. Rüdiger Landgraf, Reinhart Hoffmann, Prof. Peter E. H. Schwarz, Dr. Erhard G. Siegel, Prof. Eberhard Siegel, Elisabeth Schnellbächer, Dipl.-Psych. Berthold Maier, Prof. Diethelm Tschöpe, Prof. Curt Diehm, Dr. Holger Lawall, Prof. Gunter Wolf, Prof. Hans-Peter Hammes, Prof. Dan Ziegler, Prof. Thomas Danne, Prof. Andreas Neu, Prof. Reinhard Holl, Matthias Grabert, Dr. Hermann Finck, Oliver Ebert, Dr. Andrej Zeyfang, Dr. Helmut Kleinwechter, Dr. Ute Schäfer-Graf, Gabriele Müller, Eric Risch, Dr. Uta Müller, Dr. Alexander Risse, Dr. Matthias Kaltheuner, Prof. Anette Gabriele Ziegler, Prof. Hans-Ulrich Häring, Prof. Martin Hrabé de Angelis, Prof. Michael Roden, Manfred Krüger, Dr. Bernhard Kulzer, Dipl.-Med. Ingrid Dänschel: Deutscher Gesundheitsbericht Diabetes 2013, Berlin 2013, S. 10–14

Hemp, P.: Presenteism: At work – but out of it. Harvard Business Review, Vol 82, no 10, 2004, S. 49–58

Herr, R. M.; Bosch, J.; van Vianen, A. E. M.; Jarczok, M. N.; Thayer, J. F., Li, J. et al.: Organizational Justice is Related to Heart Rate Variability in White-collar Workers, but not in Blue-collar Workers – Findings From a Cross-Sectional Study, Annals of Behavioral Medicine, 49, 2014, 434–448

Herr, R. M.; Li, J.; Bosch, J. A.; Schmidt, B.; DeJoy, D. M.; Fischer, J. E. et al.: Psychometric properties of a German organizational justice questionnaire (G-OJQ) and its association with self-rated health: findings from the Mannheim Industrial Cohort Studies (MICS), International Archives of Occupational and Environmental Health, 87 (1), 2014, 85–93

Heyde, K.; Macco K.; Vetter, C.: Krankheitsbedingte Fehlzeiten in der deutschen Wirtschaft im Jahr 2008, Badura 2008, in: Badura, B., Schröder, H., Vetter, C.: Fehlzeitenreport 2008

Hobfoll, S. E.: Conservation of resources. A new attempt at conceptualizing stress, American Psychologist, 44 (3), 1989, 513–524

Horváth, P.; Gamm, N.; Möller, K.; Kastner, M.; Schmidt, B.; Iserloh, B.; Kliesch, G.; Otte, R.; Braun, M.; Matter, M.; Pennig, St.; Vogt, J.; Köper, B.: Betriebliches Gesundheitsmanagement mit Hilfe der Balanced Scorecard, Hrsg.: Bundesanstalt für Arbeitsschutz und Arbeitsmedizin, 2009

INQA Bericht 19: Was ist gute Arbeit? Anforderungen aus der Sicht der Erwerbstätigen, Verlag für neue Wissenschaft GmbH, 2. Aufl., April 2008

Karasek, R. D.; Theorell, T.: Healthy Work (p. 402), New York, 1990, Perseus

Kastner, M. (Hrsg): Leistungs- und Gesundheitsmanagement, Tagungsband zum 8. Dortmunder Personalforum 2009, 2010

Kastner, M.: Führung und Gesundheit im Kontext eines ganzheitlichen, integrativen, nachhaltigen und systemverträglichen Gesundheitsmanagements, in: M. Kastner (Hrsg.), Leistungs- und Gesundheitsmanagement; Lengerich, Pabst Science Publishers 2010, S. 82–134

Kastner, M.: Verhaltensorientierte Prozessoptimierung: mehr Psychologik als Logik?, in: Kastner, M. (Hrsg.), Verhaltensorientierte Prozessoptimierung – Tagungsband zum 4. Dortmunder Personalforum (13-30), Herdecke: Maori. 1998, S. 173–194

Kastner, M.; Schmidt, B.: Innovative Präventionskonzepte – wirtschaftlicher Arbeitsschutz. die BG, 123 (2011), 108–112.

Kayser, K.; Zepf, K. I.; Claus, M.: Betriebliches Gesundheitsmanagement in kleinen und mittleren Unternehmen in Rheinland-Pfalz, Leitfaden, November 2013

Kirch, W., Badura, B.: Prävention, 2006

Kirschner, W.; Radoschewski, M.; Kirschner, R.: Untersuchung zur Umsetzung des § 20 SGB V durch die Krankenkassen, Berlin 1995

Kivimäki, M.; Elovainio, M.; Vahtera, J.; Ferrie, J.E.: Organisational justice and health of employees: prospective cohortstudy, Occupational and environmental medicine, 60 (1), 2003, 27–33

KM 1/13-Statistik (gesetzliche Krankenversicherung: Mitglieder und Krankenstand der Pflichtmitglieder im Jahresdurchschnitt), http://www.bmg.bund.de, Krankenstand der Pflichtmitglieder der gesetzlichen Krankenkassen im Jahresdurchschnitt (in Prozent)

Kothe, W., Faber, U., Feldhoff, K.: Gesamtes Arbeitsschutzrecht, Handkommentar, Nomos Verlag, Baden-Baden 2014

Leka, S.; Jain, A.: Health impact of psychosocial hazards at work: an overview, 126, Geneva (2010)

Lißner, L., Brück, C., Stautz, A., Riedmann, A., Strauß, A.: Abschlussbericht zur Dachevaluation der Gemeinsamen Deutschen Arbeitsschutzstrategie, S. 66ff., Hrsg. NAK, Berlin, 2014

Locke, E.A.; Latham, G. P.: A theory of goal setting & task performance. Englewood Cliffs, NJ, Prentice Hall (1990), p. 413

Lohmann-Haislah, A.: Stressreport Deutschland 2012, Psychische Anforderungen, Ressourcen und Befinden, Dortmund/Berlin/Dresden (2012), 87

Ludborzs, B., Splittgerber, B.: Gemeinsames Grundverständnis der Träger der GDA zum Thema „Beratung und Überwachung zu psychischer Belastung", Psychologie der Arbeitssicherheit und Gesundheit Bd. 17, Asanger (2012), 17–20

Mauss, D.; Li, J.; Schmidt, B.; Angerer, P.; Jarczok, M. N.: Measuring allostatic load in the workforce – a systematic review. Industrial Health, 53 (2015), 5–20

McEwen, B.: Protective and damaging effects of stress mediators, New England Journal of Medicine (1998), S. 171–179.

Minssen, Heiner: Arbeit in der modernen Gesellschaft, Wiesbaden 2012

Morschhäuser, M., Beck, D., Lohmann-Haislah, A.: Psychische Belastung als Gegenstand der Gefährdungsbeurteilung. S. 19–44 in: Bundesanstalt für Arbeitsschutz und Arbeitsmedizin (Hrsg.): Gefährdungsbeurteilung psychischer Belastung. Erfahrungen und Empfehlungen, ESV, Berlin, 2014

NAK – Nationale Arbeitsschutzkonferenz (2012) (Hrsg.): Leitlinie Beratung und Überwachung bei psychischer Belastung am Arbeitsplatz. Berlin: Geschäftsstelle der Nationalen Arbeitsschutzkonferenz, Stand: 24. 09. 2012

NAK – Nationale Arbeitsschutzkonferenz (2015) (Hrsg.): Leitlinie Gefährdungsbeurteilung und Dokumentation. Berlin: Geschäftsstelle der Nationalen Arbeitsschutzkonferenz, Stand: 05. 05. 2015

Oberender, P.; Hebborn, A.; Zerth, J.: Wachstumsmarkt Gesundheit, Stuttgart 2002

Oppolzer, A.: Psychische Belastungsrisiken aus Sicht der Arbeitswissenschaft und Ansätze für die Prävention, in: B. Badura, H. Schröder, J. Klose; K. Macco (Hrsg.): Fehlzeitenreport 2009 – Arbeit und Psyche: Belastungen reduzieren – Wohlbefinden fördern. Berlin, Heidelberg, 2010, S. 14–22

Peschke, M.: WAI als Instrument der arbeitsmedizinischen Vorsorge. In: Europäische Erfahrungen mit dem Arbeitsbewältigungsindex (Work Ability Index). 1. Aufl. Bremerhaven: Wirtschaftsverl. NW 2000 (Schriftenreihe der Bundesanstalt für Arbeitsschutz und Arbeitsmedizin: Tagungsbericht, Tb 126)

Pieper, C.; Schröer, S.: IGA Report 28, Wirksamkeit und Nutzen betrieblicher Gesundheitsförderung und Prävention – Zusammenstellung der wissenschaftlichen Evidenz 2006 bis 2012, 1. Aufl., Februar 2015

Richenhagen, G.: Beschäftigungsfähigkeit, altersflexibles Führen und gesundheitliche Potentiale. In: Personalführung 8 (2007), S. 44–51

Richter, P., Hacker, W.: Belastung und Beanspruchung – Stress, Ermüdung und Burnout im Arbeitsleben. Kröning: Asanger (1998), S. 212

Schmidt, B.: Transformationale und transaktionale Führung als erfolgreicher Führungsstil für Leistung und Gesundheit? – Eine kritische Überprüfung des „Full Range of Leadership-Konzeptes für das betriebliche Gesundheitsmanagement. Technische Universität Dortmund 2012, S. 129

Schmidt, B.: Betriebliches Gesundheitsmanagement (BGM), Eine strategische Kernaufgabe und ökonomische Notwendigkeit, in Ernährungsumschau 9/2014

Schmidt, B.: Humankapital und Personalpflege – Wie Leistung und Gesundheit strategisch zusammengeführt werden können, in: R. Otte, M. Kastner (Hrsg.), Empirische Ergebnisse zum Gesundheitsmanagement, 2010

Schmidt, B.; Kastner, M.: Wie Leistung und Gesundheit strategisch zusammengeführt werden können, in: Kastner, M., Otte, R. (Eds.), Empirische Ergebnisse und Zukunftsaspekte im betrieblichen Gesundheitsmanagement, Pabst Science Publishers, Lengerich (2011), 110–142.

Schmidt, B.; Loerbroks, A.; Herr, R.; Litaker, D.; Wilson, M.; Kastner, M. et al. (2014): Psychosocial resources and the relationship between transformational leadership and employees' psychological strain. Work (Reading, Mass.), 49 (2), 315–24

Schmidt, B.; Loerbroks, A.; Herr, R.M.; Wilson, M.G.; Jarczok, M.N.; Litaker, D. et al. (2014): Associations between supportive leadership and employees self-rated health in an occupational sample, International Journal of Behavioral Medicine, 21 (5), 750–6

Sczesny, C.; Keindorf, S.; Droß, P.: Kenntnisstand von Unternehmen auf dem Gebiet des Arbeits- und Gesundheitsschutzes in KMU, Dortmund/Berlin/Dresden 2011

Semmer, N.; Udris, I.: Bedeutung und Wirkung von Arbeit, in: H. Schuler; H. Brandstätter (Eds.), Lehrbuch Organisationspsychologie, Bern: Huber, 2004, S. 133–166

Siegrist, J.: Adverse Effects of high effort – low reward conditions at work, Journal of Occupational Health Psychology, 1, 1996, 27–43

Siegrist, J.; Starke, D.; Chandola, T.; Godin, I.; Marmot, M.; Niedhammer, I. et al.: The measurement of effort-reward imbalance at work: European comparisons, Social Science & Medicine (1982), 58 (8) 2004, 1483–99

Sockoll, I.; Kramer, I.; Bödeker, W.: IGA Report 13 Wirksamkeit und Nutzen betrieblicher Gesundheitsförderung und Prävention, 2006

Söllner, R.: Ausgewählte Ergebnisse für kleine und mittlere Unternehmen in Deutschland 2009 (zitiert am: 27.10.2014), 2011

Sozialgesetzbuch (SGB) Neuntes Buch (IX), 2004

Splittgerber, B.; Seiler, K.: Stress bei der Arbeit: der Spagat zwischen Überwachung und Beratung, in: Schwennen et al, Psychologie der Arbeitssicherheit und Gesundheit, 2008, S. 247–250

Statistische Ämter des Bundes und der Länder: Demographischer Wandel in Deutschland, Ausgabe 2011, http://www.statistikportal. de/Statistik-Portal/demografischer_wandel_heft1.pdf

Stößel, U.; Michaelis, M.; Nübling, M.; Hofmann, F.: Evaluationskriterien für Arbeitsplatzprogramme zur Prävention von Muskel- und Skeletterkrankungen. 1. Aufl., Bremerhaven: NW-Verlag, 1998

Sutton, R.I.: Der Chef-Faktor, Carl Hanser Verlag, München 2010, S. 264

TÜV Rheinland: Risikostudie, Repräsentative Befragung bei mittelständischen Unternehmen zum Thema „Risiken managen – Gefahren abwehren", Herausgeber: TÜV Rheinland CertGmbH 2014

Uhle, T., Treier, M.: Betriebliches Gesundheitsmanagement, 2. Aufl., Springer-Verlag, Berlin Heidelberg 2013

von Känel, R.: Das Burnout-Syndrom: eine medizinische Perspektive, Praxis. 97 (2008), S. 477–487

von Känel, R. (2008, S. 481) zitiert in: Burisch, M.: Das Burnout Syndrom: Theorie der inneren Erschöpfung, Springer, Heidelberg, 2014, S. 257

WHO (World Health Organization): Ottawa Charta, 1986, S. 2

WSI in der Hans-Böckler-Stiftung; Datenkarte 2015 Bundesrepublik Deutschland; Düsseldorf 2015

Herausgeber und Autoren

Prof. Dr.-Ing. Dirk Sohn hält die Professur für Betriebssicherheitsmanagement an der Technischen Hochschule Georg Agricola in Bochum. Nach Ingenieurstudium und Promotion über die Entwicklung eines computergestützten Verfahrens zur Durchführung von Gefährdungsbeurteilungen an der RWTH Aachen Tätigkeiten im Bereich Risikobewertung und Finanzierung bei einer internationalen Geschäftsbank, Handlungsbevollmächtigter. Parallel hierzu Ausbildung im Bereich Qualitätsmanagement, Arbeitsschutzmanagement, Nachhaltigkeit, Psychosoziales Gesundheitsmanagement sowie zum Sicherheitsingenieur. Wechsel zu einem weltweit operierenden technischen Dienstleistungsunternehmen, Geschäftsfeldleitung Arbeits- und Gesundheitsschutz, Prokurist. Vor Übernahme des Lehrstuhls Bereichsleiter HSEQN (Health, Safety, Environment, Quality, Technical Safetymanagement and Standardization) bei einem führenden, international tätigen Unternehmen der Energiebranche.

Dr. rer. nat. Michael Au, Dipl. Chemiker, seit 1995 als Referatsleiter im Hessischen Ministerium für Soziales und Integration in Wiesbaden tätig. Dort verantwortlich für die Rechtsbereiche des Arbeitsstätten-, Chemikalien-, Sprengstoff- und Gefahrstoffrechts. In den Zuständigkeitsbereich seines Referats fallen weiterhin Fragen der Arbeitsgestaltung und alle Angelegenheiten der physikalischen Belastungsfaktoren am Arbeitsplatz, wie beispielsweise Lärm, Vibrationen, Klimafaktoren oder künstliche optische Strahlung.

Er war in den Jahren 1986 bis 1992 in der Senatsverwaltung der Freien und Hansestadt Hamburg in verschiedenen Aufgabenfeldern des Umweltschutzes tätig und seit 1992 dort verantwortlich für die Bereiche des Chemikalien- und Gefahrstoffrechts sowie für Fragestellungen des Heimarbeiter-, Mutterschutz- und Jugendarbeitsschutzrechts.

Dr. Michael Au begleitet seit 1992 die Entwicklung der genannten Rechtsgebiete des Arbeitsschutzes als Vertreter der obersten Landesbehörden bei den Fachberatungen des Deutschen Bundesrats und in zahlreichen Bund-Länder-Gremien, wie beispielsweise in den Fachgremien des Länderausschusses für Arbeitsschutz und Sicherheitstechnik (LASI). Er ist Mitglied im Ausschuss für Gefahrstoffe (AGS) und ist an der Fortentwicklung des Technischen Regelwerks zur Gefahrstoff- und Arbeitsstättenverordnung durch Mitarbeit in den entsprechenden Gremien aktiv beteiligt. Er hat eine Vielzahl von Fachveröffentlichungen zu den aufgeführten Themenfeldern publiziert.

Dr. med. Ulrike Roth ist im Saarland geboren und aufgewachsen. Nach Medizinstudium in Mainz absolvierte sie ihre klinische Ausbildung in Wuppertal und Mainz. Sie ist Fachärztin für Arbeitsmedizin, hat eine Zusatzqualifikation in Präventivmedizin und verfügt über mehr als 10 Jahre Erfahrung im betrieblichen Gesundheitsmanagement.

Sie war 10 Jahre lang für einen großen überbetrieblichen Dienstleister im Arbeits- und Gesundheitsschutz tätig, davon 6 Jahre als fachliche Leitung des Bereichs Arbeitsmedizin. Neben der Aus- und Fortbildung von Betriebsärzten beschäftigte sie sich schwerpunktmäßig mit dem Thema betriebliches Gesundheitsmanagement. Sie war federführend an der Implementierung von betrieblichem Gesundheitsmanagement im eigenen Unternehmen beteiligt und begleitete Kunden bei der Einführung von betrieblichem Gesundheitsmanagement.

Seit 2012 arbeitet sie im Rhein-Main-Gebiet als freiberufliche Fachärztin für Arbeitsmedizin für ein führendes Unternehmen der Finanzbranche.

Dipl. Soz. Bettina Splittgerber, Studium der Soziologie in Gießen, danach wissenschaftliche Mitarbeiterin am Institut für Arbeitsmedizin in einem HdA-Projekt zur Vibrationsbelastung an Arbeitsplätzen. Seit 1990 in verschiedenen Funktionen in der hessischen Arbeitsschutzverwaltung, zunächst in der Zentralstelle für Arbeitsschutz, seit 2003 im Hessischen Sozialministerium. Seit 2009 ist sie als Referatsleiterin u. a. zuständig für die Themenfelder psychische Belastungen bei der Arbeit, menschengerechte Arbeitsgestaltung und neue Beschäftigungsformen. Frau Splittgerber leitet die Länder-Projektgruppe „Psychische Belastungen" und ist stellvertretende Leiterin des GDA-Programms „Schutz und Stärkung der Gesundheit bei arbeitsbedingter psychischer Belastung".

Dipl.-Ing. Thorsten Ettelt, M. Sc. ist in Wanne-Eickel, Nordrhein-Westfalen geboren und aufgewachsen. Nach dem Abitur und Maschinenbaustudium (Diplomarbeit am Fraunhofer Institut) in Bochum arbeitete er zunächst mehrere Jahre als Projektingenieur Servolenkungsmontage und als Leiter Technik bei einem internationalen Automobilzulieferer. Anschließend war er als Leiter Produktion, Instandhaltung und Arbeitsschutz bei einem Baumaschinenhersteller tätig. Im Jahr 2010 übernahm er die Position als Manager Industrial Engineering bei einem internationalen produzierenden Unternehmen verantwortlich für die Bereiche Projekt-, Facility Management sowie den Arbeits- und Gesundheitsschutz. Berufsbegleitend studierte er an der TH Georg Agricola in Bochum Betriebssicherheitsmanagement mit Auszeichnung. Seit 2016 ist er bei der Berufsgenossenschaft Rohstoffe und chemische Industrie als Aufsichtsperson i.V. beschäftigt.

Prof. Dr. phil. Burkhard Schmidt hält die Professur für Wirtschafts-, Arbeits- und Organisationspsychologie an der Hochschule für internationales Management in Heidelberg. Er habilitierte an der Universität Heidelberg zum Thema „Führung und Gesundheit". Er ist affiliierter Forscher an der Universität Amsterdam am Lehrstuhl für Arbeits- und Organisationspsychologie und arbeitet europaweit mit Experten im Bereich „Arbeitsstress" und dessen psychosomatische Folgen (z.B. Burn-out) zusammen. Prof. Schmidt ist wissenschaftlicher Unternehmensberater und Partner im Institut für Arbeitspsychologie & Arbeitsmedizin (IAPAM) sowie bei Kastner Partner Consulting.